Johann Hinrich Röding

Beschäftigungen für junge Leute zum Nutzen, zur Lehre und zum Vergnügen

Johann Hinrich Röding

Beschäftigungen für junge Leute zum Nutzen, zur Lehre und zum Vergnügen

ISBN/EAN: 9783744686969

Hergestellt in Europa, USA, Kanada, Australien, Japan

Cover: Foto ©Lupo / pixelio.de

Weitere Bücher finden Sie auf **www.hansebooks.com**

Johann Heinrich Röding,
Lehrer der Schule zu St. Jacobi, der Herzogl. deutschen
Gesellschaft in Helmstädt, und der Fürstl. Anhalt
deutschen Gesellschaft in Bernburg
Ehren=Mitglied,

Beschäftigungen
für junge Leute
zum
Nutzen, zur Lehre und zum Vergnügen.

Hamburg, 1790.
in Commißion bey Hans Jacob Matthießen.

Leseblatt für die Jugend.

Siebenundzwanzigstes Stück.

Hamburg, 1786 den 5ten July.

Der nützliche Traum,
oder
Durch Müh und Fleiß
Erwirbt man Nutzen und Preis.

Christian nahm Lection in verschiedenen Wissenschaften und in keiner wollt's ihm, in Ansehung des Lernens, glücken. Seine Eltern glaubten, daß die Schuld bloß an den Lehrern lag. Christian aber, der die Treue dieser Männer nicht verkennen konte, und von seiner Nachläßigkeit und Trägheit gewiß überzeugt war, konte zu seinem Betrüben diese häßlichen Leidenschaften nicht besiegen. Schon zweifelte er, ob er jemals etwas rechtes lernen würde, weil die Erlernung der Wissenschaften, für ihn unübersteigliche

B b

steigliche Berge waren. Einstmals hatt' er sich, um sanft zu schlummern, in seine Sommerlaube hingesetzt; und kaum war er eingeschlafen, als er in der Nähe vor sich einen hohen Berg und auf demselben eine Stange, auf welcher ein Kranz von den schönsten Blumen geflochten hing, erblickte. Zur Rechten und zur Linken sah er Knaben und Mädchen daher eilen, die, um diesen Kranz zu erbeuten, alle Mühe anwandten diesen Berg zu erklettern. Der Führer unsers Christians raunte ihm dann ins Ohr: Er sollte sich auch um diesen Kranz bemühen. Auf einmal wandelte ihm die Lust an, diesen Preis zu erwerben, und es gelang ihm nach vieler Mühe und Beschwerden, den Kranz für seine Schläfe davon zu tragen. Schöner Traum! dacht' er beym Aufwachen. Der soll mich lehren künftig mehr Mühe und Fleiß beym Lernen anzuwenden. Er thats, und ward ein gelehrter Mann.

Barthold Witz.

Witz spricht, die Bibel ist ein dummes Buch;
Des frommen Aberglaubens Quelle.
Es ist kein Gott, kein Himmel, keine Hölle —
Witz ist nicht klug.

Die gestrafte Gefräßigkeit.

Paul liebte seine Schwester Dörtchen mit der aufrichtigsten Bruderliebe, und legte davon bey jeder Gelegenheit Beweise ab. Nur beym Essen und Trinken vergaß er dieselbe; und hieran war schlechterdings seine Gefräßigkeit schuld. Mit neidischem Blick schielt er beständig auf den Theil der Speisen, die seine Schwester von der Hand seiner Mutter empfing; er schien ihm immer weit größer und besser als der seinige zu seyn. Demungeachtet blieb er der Liebling seiner Mutter. Sie sah's immer mit gleichgültigen Augen an, wenn er der guten Schwester das Fleisch und andere Speisen, den Zucker beym Coffe und Thee, mit seinen begierigen Blicken stahl. Jetzt war der unglückliche Augenblick da, daß er sich für seine Gefräßigkeit selbst bestrafen sollte. Sie assen Fische, und Paul durfte ein beliebiges Stück von demselben mit dem Willen seiner Mutter nehmen. Er wählte das größte und beste, und die Schwester nahm ihr Stückchen aus der Mutter Hand. Der gefräßige Knabe verschlang bald den hälften Theil von dem seinen, und nun war der Schwester ihr Theil größer. Husch! nahm

er den für sich und bald zum Munde, und
schluckte eine große Gräte mit hinein, die ihm
in dem Halse stecken blieb, und die nach einer
Stunde, nach dem er Todesangst genug aus-
gestanden, herausgezogen ward.

Die eingebildete Weintraube.
Eine Fabel.

Was bin ich doch für ein herrliches Gewächs,
sprach eine Weintraube zu ihrem Weinstock.
Mit welcher heissen Begierde schauen die Menschen auf mich, indem sie, dir trocknes Holz,
kaum einen Blick würdigen. Wozu konntest
du ihnen wohl dienen? Ich bin den Menschen ein Labetrank und flöße Freude in ihre
Herzen. Dawider hab ich nichts, erwiederte
der Weinstock. Was wärst du aber ohne mich?

Seyd nicht stolz darauf, Ihr jugendlichen
Seelen, wenn Ihr vermögend seyd, Eure
dürftigen Brüder zu speisen und zu tränken.
Ihr kennet die Quelle, aus der die Gabe Eurer
Hände für Elende fließen. Würdet Ihr ohne
dieselbe zum Wohlthun fähig seyn?

Die ich mir zur Busenfreundinn wähle.

Im Namen meiner lieben Ernesta G.

Nach der Mel.: Rosen auf den Weg gestreut.

Vielen Mädchen bin ich gut;
Aber unter allen
Hat ein Kind von deutschem Blut
Meiner Brust gefallen.
Dies, voll reiner Zärtlichkeit,
An die Seele schliessen,
Ist mir Wonne, Seligkeit,
Ueber Scherz und Küssen.

Mädchen, die an Tändeleyn
Ihren Geist gewöhnen,
Sich am eitlen Putz erfreun
Und der Thorheit fröhnen;
Mädchen, die an Spiel und Scherz
Nur Vergnügen finden;
O mit diesen wird mein Herz
Nimmer sich verbinden!

Mädchen, die mit Herz und Hand
Mir entgegen eilen,
Und, geknüpft durchs Freundschaftsband,
An dem Busen weilen.
Die mit reinem Engelsinn

Blumen mit mir pflücken,
Spiel und Scherz und Thorheit fliehn,
Können mich beglücken.

Mögte so ein englisch Kind
Sich mit mir verbinden!
Aber solche Mädchen sind
Wenig nur zu finden.
Aus der grösten Mädchenzahl
Fällt mir's schwer zu wählen;
Könnt ich nur durch kluge Wahl
Eine Freundinn zählen!

Eine Freundinn, die mit mir
Jedes Schicksal theilet,
Die auf Blumenfluren hier
Frölich mit mir weilet,
Deren Kuß auch mich belebt,
Wann im Thränenthale
Gräm mir um die Schläfe schwebt,
Wie beym Freudenmahle.

Räthsel.

Ich belebe die ganze Schöpfung; bin die Quelle frommer Thaten. Ich gründe das Glück der Sterblichen und bin auch die Stöhrerinn ihrer Ruhe und ihrer Glückseligkeit. Ich bin schwach aber auch so stark dem Tod Trotz zu bieten.

Die

Die 5te Fortsetzung der allgemeinen Weltgeschichte.

Nach dem Tode des Moses folgte ihm Josua, welcher die Eroberung von Canaan anfing, und beynahe vollendete. Nach ihm folgen die Richter oder Regenten in Israel. Zu ihrem Unglücke vergaßen die Israeliten nach dem Tode der Aeltesten, die den Josua gekannt hatten, den Gott ihrer Väter, und wurden von den angränzenden Nationen zur Abgötterey verleitet. Der Herr züchtigte sie deßwegen oft durch die Hände ihrer Feinde, und wenn sie um Hülfe und Errettung zu ihm riefen, so erhörte er sie. Sie wurden dann Sieger, und nach ihren Versündigungen wieder Gefangene; und sie erfuhren sehr verschiedene Wechsel des Glücks, wie man aus den Geschichten der Deborah und des Barack, des Gideon, Abimelech, Jephta u. a. sehen kann. In diesem Jahrhundert trugen sich viele merkwürdige Begebenheiten unter den Heyden zu. Nach der Berechnung des Herodotus ward das Assyrische Reich unter dem Ninus um diese Zeit, 520 Jahr vor Erbauung der Stadt Rom, gestiftet. (Die Fortsetzung künftig.)

Gottlieb an Ernesta.

Geweint hab ich, liebstes Mädchen, als man unsern lieben Heinrich zu Grabe trug. Da liegt er nun, der englische Knabe unter den Todten, und kommt nie wieder in unsern frölichen Kreis. Aber, laß ihn schlummern in seinem Grabe! Wir schlummern auch, bald oder spät, wie er. Sein früher Tod soll uns lehren, daß es auch mit uns endlich ein Ende hat. Mein Lehrer sprach jüngst viel mit mir vom Tode; und daß dieser König des Schreckens, jedem Sterblichen gleich nahe ist. Der Säugling, der spielende Knabe, das blühende, lächelnde Mädchen, der rasche Jüngling, Mann, Frau und Greis sind keine Minute vor ihm sicher.

Das Grab ist jedem nah, aus deren stillen Nacht
Ein Strahl der Ewigkeit mir in die Augen lacht.

Er mag immer kommen, dieser Schreckkönig, und unsere Gebeine ins Grab senken, Christen Kinder wissen es, daß sie aus ihren Gräbern gewiß erweckt, und den Morgen der Ewigkeit mit freudigem Lächeln schauen werden.

Leseblatt für die Jugend.

Achtundzwanzigstes Stück.

Hamburg, 1786 den 12ten July.

Trotz,
oder Goliath der Zweite.

Trotz glich an Wuchs fast einem Riesen,
Und ward deßwegen hoch gepriesen:
„Der ist der zweite Goliath!„
So hörte man die Leute sprechen.
Gabs aber was zu hauu, zu stechen,
O weh! wie ward dem Riesen matt!

  Nur mit dem Munde mögt' ers wagen,
Mit jedem Helden sich zu schlagen,
Seitdem er seinen Degen trug.
Er pochte mehr, als zehn Soldaten;
Kams aber an auf Heldenthaten,
Dann hatte Trotz nie Herz genug.

C c   Weit

Weit übertrafen seine Länge
Der schwarzen Thaten große Menge,
Die er in Bosheit ausgeübt.
Er hatte Stadt und Land belogen,
Er hatte Juden gar betrogen,
Und manches Mutterkind betrübt.

Er kannte weder Treu noch Glauben;
Der Unschuld ihren Schmuck zu rauben,
Das war ihm Heldenthat und Ruhm.
Er lästerte der Tugend Schöne,
Er lachte bey der Wittwen Thräne,
Und Fabel war ihm Christenthum.

Im trunknen, scheckigten Gewimmel
Der Thoren, fand sein Geist den Himmel,
Und in verbuhlter Mädchen Schooß.
Des Nächsten Ehre zu verkaufen,
Sich immer toll und voll zu saufen,
Hierin bewieß er nur sich groß.

Ein kleiner Mann von Herzensgröße
Entdeckte längstens seine Blöße,
Und scherzte drob in stillem Muth.
Oft ließ er sich von dem Verwegnen,
Mit ungehirntem Spott begegnen,
Und blickt auf ihn mit kaltem Blut.

Er

Er lachte seiner Spöttereyen;
Und seinem hochvermeßnen Schreyen,
Entzog er oft sein kluges Ohr.
Trotz ward nie satt vom alten Liede,
Ward nicht des steten Schimpfens müde,
Bis jener die Geduld verlohr.

„E'ender! äffest du mich lange?
Nur her! mir ist vor dir nicht bange,"
Rief unser kleiner Biedermann.
„Gleich will ich dir den Muth benehmen,
Ohnmächtger Ritter, lern dich schämen."
Da gaffte Trotz ihn staunend an.

Was, sprach er, willst du Würmchen machen?
Du Närchen bringst mich fast zum Lachen.
Sieh! kennst du diesen Degen? — sprich?
Sieh! Mäuschen, kennst du die Pistolen?
Mich sollen tausend H::: holen,
Zu Fricassee zerhack ich dich!

Der kleine Mann ließ sich nicht schrecken,
Er wich kein Spännchen von dem Flecken,
Auf dem er vor dem Riesen stand.
„Raus! sprach der Kleine zu dem Großen,
Und hiemit faßt er seinen bloßen
Und scharfen Degen mit der Hand.

Hört meinen Sang, ihr schwachen Helden!
Er soll euch hier getreulich melden,
Wie dieser Kampf zu Ende lief.
Nicht immer gehts, wies Menschen meinen,
Sonst fällten Große leicht die Kleinen.
Hier ging es mit dem Großen schief.

Wie zitterte der Riesenjunge!
Schon schwand der Held von seiner Zunge,
Und Feur und Muth entflohn dem Blick.
„Schweig! sprach das Männchen zu dem
 Frechen,
Sonst will ich deinen Frevel rächen,
Und beugen dir das stolze Gnick.

Pistolen weg! weg mit dem Degen!
Nun, Prahler, bist du noch verwegen?
Schau her! Betrachte diesen Stock!
Das wäre so für dich ein Essen,
Laß dich einmal den Rückgrad messen,
Den Staub dir klopfen aus dem Rock."

Verwundet rümpfte Trotz die Nase,
Und stand wie ein verscheuchter Haase,
Er weitete den Mund und — schwieg.
Husch! hatt er sachtchen sich empfohlen,
Und ohne Degen und Pistolen
Ließ er dem kleinen Mann den Sieg.

Die

Die gestrafte Grausamkeit.

Joachim machte sich ein Vergnügen daraus, wenn er die kleinen unschuldigen Thiere quälen konnte. Oft war er mit einem Stock hinter Hunden und Katzen her, und freute sich herzlich, wenn er ihnen einen Schlag versetzen konnte; und diejenigen Thiere, die er nicht mit dem Stock erreichen konnte, warf er mit Steinen. Einstmals hatt' er eine Menge Käfer gefangen; hier hatte er nun Gelegenheit seine grausame Begierde zu sättigen. Er stellte unterschiedliche Executiones darüber an; einigen hieb er die Köpfe ab, und anderen riß er die Flügel aus. Viele wurden auf Nadeln gespießt. u. s. w. Als er sich nun eben so grausam beschäftigte, hört er, daß sich Hunde auf der Gasse bissen. Husch! flog er mit dem Stock hinaus auf die Gasse, und drang auf die streitende Thiere ein. Gleich empfing er er einen Biß von dem Hunde. Auweh! schrie der grausame Held, und lief mit dem verwundeten Bein zum Vater und flehete um Hülfe. Dieser, der zwar ein Pflaster auf die Wunde legte, hielte dem Söhnchen über diese Geschichte und über seine Grausamkeit eine solche Strafpredigt, daß ihm die Ohren gellen mögten.

Die Henne und ihre Jungen.
Eine Fabel.

Eine ökonomische Henne sah mit Widerwillen, daß ihre Jungen die Körner, die ihnen hingestreuet waren, aus Muthwillen hin und her kratzten, sie in den Koth traten, und dann aus Uebermuth einen Eckel davor äusserten. Die Mutter bestrafte sie deßwegen und versicherte, wenn sie fortführen, das gute Futter so zu mishandeln, daß sie Mangel daran leiden würden. Die Ungehorsamen liessen die Warnung ihrer Alten in das eine Ohr ein, und aus dem andern wieder heraus gehen, und blieben bey ihrem Muthwillen. Dies könnte der Herrschaft endlich unmöglich verborgen bleiben; man streute ihnen kärglicher hin. Der Mangel ward sichtbar, und die kleinen Sünder hätten gewiß in der Folge ihr Futter weitläuftig suchen müssen, wenn nicht die alte Henne durch ihr fleißiges Eyerlegen, die milden Hände der Herrschaft eröfnet hätte.

Welchem Elende würden übermüthige und ungehorsame Kinder entgegen geben, wenn nicht ihre frommen und guten Eltern vor dem Riß stunden.

Philip

Philip an Heinrich.

Womit wir uns gestern, lieber Heinrich, ausser dem Spazierengehen unterhielten, verlangen Sie zu wissen? Gewiß mit vielen schönen Dingen. Lesen Sie hier eine von den Geschichten, die uns der Hr. Candidat W. um welchen wir uns im grünen Grase, auf dem er sich niedergelassen, gelagert hatten. Sie lehrt Ihnen den Lügenpropheten Muhamed kennen. Dieser Mann, erzählte er uns, ward zu Mekka aus einem vornehmen Geschlechte gebohren, und dennoch bestand sein ganzes Erbtheil nur aus fünf Kamelen und einem äthiopischen Sclaven. Er ward zur Handlung bestimmt, und hatte das Glück der Ehemann einer reichen Kaufmanns Wittwe zu werden. Seine Handlungsgeschäften gaben ihm Gelegenheit, andere Nationen, Länder, Sitten und Religion kennen zu lernen. Und nun entschloß er sich eine neue Religion zu stiften. Sein erster Lehrsatz war: Es ist nur ein Gott, und Muhamed sein gröster Prophet. Er trug seine Lehre im 40 Jahr seines Alters öffentlich zu Mekka auf dem Markte vor. Anfänglich hatte er vielen Widerstand deßwegen, und er fand sich gezwungen

zwungen im Jahre Christi 622, von welchem seine Glaubensgenossen, die Türken, ihre Zeitrechnung anfangen, seine Flucht vor seinen Verfolgern nach Medina zu nehmen. Nachher verstärkte er seine Macht wider seine Feinde, und es gelang ihm, mit dem Schwerdt seiner Religion die Oberhand vor allen andern Religionen zu verschaffen. Diese Religion wurde aus der christlichen, jüdischen und heidnischen genommen, und in ein Buch geschrieben, das mit dem Namen Koran benennet wurde. Dies Buch enthält viel Gutes, aber auch eine Menge Fabeln, und viele falsche und ungereimte Grundsätze. Und sein Character war so beschaffen, daß er nicht mit Unwahrheit den Namen eines falschen Propheten trug. Er starb endlich im Jahre 632 zu Medina.

Noch mehrere Geschichte, lieber Heinrich, hörten wir aus dem Munde des Hrn. W. Nächstens hiervon. Leben Sie wohl u. s. w.

Räthsel.
Welche Mutter ist am wohlthätigsten?

Auflösung des Räthsels im vorigen Stück:
Die Liebe.

Leseblatt für die Jugend.

Neunundzwanzigstes Stück.

Hamburg, 1786 den 19ten July.

Die Gans und der Sperling.
Eine Fabel.

Die Gans nahete sich mit ihrem Opfer, welches in ein Paar große Eyer bestand, dem Jupiter. Sie ward bald in der Ferne einen Sperling gewahr, der sich mit seinem kleinen Ey in derselben Absicht der Gottheit nahete: Was will denn das nichtsbedeutende Geschöpfe mit ihrer elenden Gabe hier machen? Hm! armer Sperling, schau einmal her auf mein würdiges Geschenk! — Nicht wahr? davon ist bey dem Göttermahl Gebrauch zu machen? Geh du doch mit deinem Nichts, und schäme dich dies der Gottheit anzubieten.

Mit Zorn im Gesicht erblickte Jupiter auf die Stolze nieder und zerschmetterte mit seinem Donnerkeil ihre Gabe. Dann winkt er mit freundlichem Blick dem kleinen Vogel u. nahm seine Gabe, als ein ihm gefälliges Opfer, gnädig an.

Ihr wißt, meine jugendlichen Leser, ohne meine Erklärung, was ich mit dieser Fabel sagen will.

Heinrich an Rosine.

Noch mit einem Liede, liebes Rosinchen, wozu Hr. Steinfeld eine Melodie gemacht hat, muß ich Ihnen ein Geschenk machen. Hier ist es:

An den Schlaf.

Komm süßer Freund der Müden,
Dich grüß ich gähend schon;
Du bist für mich hienieden
Des Schweißes bester Lohn.
In meinen matten Blicken
Schauft du dein sanftes Bild,
Komm Schlaf, mich zu erquicken,
Weil mich die Nacht umhüllt.

In deinem stillen Schoße
Ist mir so wonniglich,
Dich wünscht so mancher Große,
Vergebens wünscht er dich.
Du deckst mit deinen Schwingen
Umsonst ihn manche Nacht;
O Schlaf, dich zu erzwingen,
Hilft nicht des Reichthums Pracht.

Du wallest leise nieder
Auf manches klagend Herz,
Und bald entfliehst du wieder,
Verscheucht durch Gram und Schmerz.
Wie mancher würf die Sorgen
In deinen Schoß dir gern,
Und ist bis an den Morgen
Mit seinem Joch dir fern.

Im schmutzigen Gewühle
Wälzt sich der Thor herum,
Er sucht im Schwärm und Spiele
Nur sein Elisium.
Zu diesem schwarzen Glücke
Dringt er berauscht hinzu,
Und flieht mit trübem Blicke
Dafür die süsse Ruh.

Man laß die Thoren machen,
Ich mach es nicht wie sie,
So Nächte durch zu wachen
Ist meine Sache nie.
Entfernt von Spiel und Schwärmen,
O Freund, erwart ich dein!
Verscheuch mir Gram und Härmen,
Und stärke mein Gebein.

Wie du in niedern Hütten
Um gute Menschen schwebst,
Und nach so manchen Schritten
Den Wandrer neu belebst;
So schweb auch um mein Bette,
So werd auch ich erquickt,
Bis früh die Morgenröthe
Mein helles Aug erblickt.

Vincent an Fritz.

Werden Sie doch, bester Fritz, nicht böse auf mich, daß ich mit meiner Erzehlung von der Naturgeschichte, so langsam bin! Künftig will ich Ihnen fleißiger davon erzehlen. In meinem vorigen Brief vergaß ichs, Ihnen zu sagen, daß der sogenannte Ohrwurm nicht,

wie

wie viele Unwissende glauben, den Menschen
in die Ohren kriecht, sondern seine Wohnung
in verschiedenen Früchten, Blumen und beson:
ders in den Saamenblumen hat. Seine Eyer
legt er in Baumrinden, zwischen Steine und
in die Erde, und kommt gleich aus dem Ey, wie
er in seinem Alter ist, und bekommt erst nach
der vierten Häutung Flügel, und fliegt als
ein Käfer davon. Nun von der spanischen
Fliege. Diese ist grün und glänzt wie Gold,
ihr Körper ist länglich und rund. Man findet
sie in Deutschland, Spanien, Frankreich,
Holland u. s. w. und besonders auf Hollunder=
Bäume. Diese Fliegen, die ursprünglich aus
Spanien kommen, werden zu Pulver gemacht,
mit Oel und Fett vermischt, und dann ein
Pflaster daraus gemacht. Dies Pflaster ziehet
übele Feutigkeiten aus dem Geblüte weg.
Die Koschenille sieht fast aus, wie eine Schild:
laus, ein kleines zweyflüglichtes Thierchen.
Man nennt sie auch wohl ein Purpurwürm=
chen, von dem man die schönste rothe Farbe
macht. Künftig die Fortsetzung. Leben Sie
wohl!

Hein=

Heinrich an Caroline.

Sie sind doch ein lehrbegieriges Mädchen, gute Caroline; gewiß, Sie übertreffen mich darin. Wie oft hab ich von Kreuzzügen sprechen hören, ohne darauf besonders zu achten, oder den Erzählern zu fragen: was man darunter versteht? Und nun Sie davon reden hören, werden Sie nicht müde zu fragen, um es zu wissen, was die Kreuzzüge eigentlich sind. Nur bedaure ichs, daß Sie sich mit Ihrer Frage an denjenigen gewandt, der Sie am wenigsten davon belehren konnte. Sie verzeihen es mir, daß ich Ihnen meine Antwort auf Ihre Frage schuldig bleiben muste! Es war nicht der Eigensinn, sondern meine Unwissenheit schuld daran. Nun bin ich davon unterrichtet, nachdem ich in der Schule des Hr. Candidaten R. ** gewesen bin. Ich wills versuchen, ob ich Ihnen etwas Zusammenhängendes davon erzehlen kann. Hören Sie, liebes Mädchen: In dem 7ten Jahrhundert nach der Geburt unsers Erlösers, als der griechische Kaiser Heraclius regierte, und Mahomed der Stifter des arabischen Reichs und einer neuen Religion ward, wurde den Christen das Gelobteland entrissen. Der Pabst Gregor der IV. ermunterte sie im

eilften

eilften Jahrhundert, sich in einem Kriege wider ihre Feinde zu rüsten, um wieder Besitz von dem Gelobtenlande zu nehmen: Allein erst zwanzig Jahr darnach wurde diese Sache zu Stande gebracht Ein Priester aus Amiens, in der Picardie, Namens Peter, lief mit dem Kreutzifix in der Hand, allen Provinzen Europens durch, und forderte die Menschen zu diesem heiligen Kriege auf. Man gehorchte und jeder dieser Krieger heftete ein aus Tuch oder andern Zeug gemachtes Kreuz auf seine Schulter, deswegen nennete man die Kriege: Kreuzzüge. Einer der vornehmsten Generale auf diesen Kreuzzügen war Gottfried von Bouillon, Herzog von Niederlotheringen. Man spricht von sechs Milionen Menschen, die sich zu diesem Kriege sollen entschlossen haben, und viele tausend büßten schon auf dem ersten Zug durch Beschwerlichkeit, Hunger und durchs Schwerd der Nationen, die unterwegens von ihnen waren beleidiget worden, ihr Leben ein. Einige Hunderttausend kamen nach Asien und schlugen die Saracenen zurück. Sie entrissen ihnen einen Theil Natoliens, ganz Syrien und Palästina, auch selbst Jerusalem, wo sie Gfr. v. Bouillon zum König einsetzten.

(Künftig die Fortsetzung.) Der

Der fleißige Schüler.

Oft sah man Heinrich bey den Büchern sitzen:
Schön ists, sprach er, die Stunden so zu nützen,
Und guckte dann in dies und dann in jenes ein,
Und schlummerte darüber ein.

Aedle Rache.

Der Schlag that weh! fing Fritzchen an zu
schreyn,
Als Jean ihn schlug: ich muß mein Rächer
seyn:
Nun sollte Jean den Frevel büßen,
Fritz nahte ihm mit brüderlichen Küssen.

Räthsel.

Ich bin ein, und auch zweyfach, bin hier, dort und in aller Welt. Man sieht mich und man sieht mich auch nicht. Ich bin ein Held ohne sichtbare Waffen, und werde, wenn ich wohl kämpfe und siege, in dem Schoße meines Obersten die Feinde zu meinen Füßen sehen.

Auflösung des Räthsels im vorigen Stück;
Die Natur.

Leseblatt
für die
Jugend.

Dreyzigstes Stück.

Hamburg, 1786 den 27sten July.

Vergebliche Mühe.
Eine Fabel.

Hast dus gehört, sprach ein kleiner Hahn zu seiner Schwester, was unsere Mutter jüngst sagte: Man muß brav eßen, so würde man bald groß? Ja doch, Brüderchen, erwiederte das Hennchen, ich habs wohl gehört. Ha! wie sauer will ich's mir werden laßen, mein Kröbchen oft zu füllen. So mein ich's auch, Schwesterchen, recht wohl wollen wirs uns schmecken laßen. Was meinst du, sollten wir nicht einmal so groß als die Gans werden. Warum nicht, Bruder? Aber laß uns keine Zeit versäumen: Sieh, da ist eine Menge Futter für uns, laß uns eßen, so werden wir groß.

groß. Nun schmausten diese Geschwistern beständig fort, und würden sich zu Tode gefressen haben, wenn die Mutter nicht ihrer Fresserey Einhalt gethan u. ihnen durch vernünftige Vorstellung die Hoffnung benommen hätte, der Gans jemals an Größe des Körpers gleich zu werden.

Lernt aus dieser Fabel meine jugendlichen Leser, daß sich viele Sterbliche mit allem ihren Streben vergeblich zu einer Höhe empor schwingen, wozu sie nicht bestimmt sind. Vielleicht wandelt euch einmal der Gedanke an, nach einem Glück zu ringen, wovon ihr niemals Besitzer werden könnet. Erinnert Euch dann an dies kleine Hüner-Paar.

Die Sprache verräth dich.

Jean hatte sich in den Schlafrock seines Vaters gehüllt, seine Parucke aufgesetzt, und sich auf den Lehnstuhl seines Vaters niedergesetzt. In dieser Lage erwartete er die Ankunft seiner Schwester. Caroline trat herein und glaubte ihren Vater leibhaft auf dem Stuhl zu sehen. Jean öffnete den Mund, und wollte im väterlichen Ton sprechen; allein Caroline war nicht so einfältig, daß sie nicht gleich den Bruder an

an

an der jugendlichen Stimme hätte erkennen sollen. Wie manche Menschen sind in den Kleidern in den Augen ihrer Brüder ehrwürdig, die aber zu oft durch ihre Sprache verrathen, daß sie nichts bedeutende und kleine Lichter sind.

Fritz an Heinrich.

Lesen Sie weiter, bester Heinrich: Neptunus, der Gott des Meeres, wird abgebildet als einen starken, bärtigen Mann, mit einem langen dreyzackigten Stabe in der Hand, der Triedens oder Tridäna heisset. Er fähret gewöhnlich auf einem Muschelförmigen Wagen auf dem Meere. Seine zwey Pferde sollen die Stärke und das schlagende Geräusch der Wellen vorstellen. Der dreyzackige Stab sollen die dreyerley Arten Wasser vielleicht bedeuten, das salze im Meer, das süsse in den Seen und Strömen und das Quellwasser in der Erde. Die Gemahlinn dieses Meergottes heißt: Amphitrite, sie ist die Tochter des Nereus, und Schwester der Thetis. So wie die Sonne bald Apollo und bald Sonne genannt wird, so wird der Gott des Meers bald Neptunus und dann auch Oceanus genannt. Sein Leibtrompeter heißt Triton, und wird abgebildet als ein bärtiger Mann, mit einem Schilfkranze um den Kopf, der Untertheil hat die Gestalt eines Fisches; in der Hand hat er eine Art von Trompete, die wie eine gewundene grosse Muschel gestaltet ist, und die er an dem Mund hält. Die Begleiterinnen des Neptuns sind die Meer-Nymphen oder Nereiden. Nächst dem Gott des Meers folgt unsere Erde, die uns unter verschiedenen Namen und unter mehr als einerley Gestalt bekannt gemacht wird. Wir wollen sie die Göttinn Cybele nennen, und sie uns in der Gestalt vorstellen, als eine ansehnliche Frau, auf einem Stuhl sitzend. Auf ihrem Haupte trägt sie eine Mauer oder Thurmkrone, und hält einen Schlüssel in der rechten Hand. Der Stuhl, auf dem sie sitzt, wird von zwey Löwen gezogen. (Die Fortsetzung künftig.)

Räthsel.

Wenn man mich oben oder zur Rechten setzt, so bin ich etwas mehr als Nichts; so bald ich aber unten oder zur Linken stehe, so kann ich schätzbarer als ein Königreich werden.

An den Tod.

O Tod, du bist mir fürchterlich,
Mit Schaudern denk ich oft an dich;
Du würgst entsetzlich um mich her,
Man ist vor dir nicht sicher mehr.

Das Kind, der Jüngling und der Mann
Sind deinem Scepter unterthan;
Nichts schützet sie vor deinem Raub,
Du wandelst sie in Erd und Staub.

Ach Tod! mir wirds nicht besser gehn,
Vielleicht ist's bald um mich geschehn. —
Doch nur mein sterbliches Gebein
Schließt du in deine Armen ein.

Nach einem kurzen Pilgerlauf,
Schwingt mein befreyter Geist sich auf,
Und schaut dann mit verklärtem Blick,
Auf den verwesten Staub zurück.

Du bist mir nicht mehr fürchterlich,
Tod, komm nur, du befreyest mich
Von mancher Noth mit kalter Hand,
Und bringst mich in mein Vaterland.

Lisette an Ernesta.

Immer, bestes Mädchen, liegst du mir in Gedanken, und dein süsses Bild schwebt mir, ich mag seyn, wo ich will, vor meinen Augen.

Gestern,

Gestern, meine Liebe, (verzeih mir diese kleine Sünde!) vergaß ich's manchen Augenblick an Dich zu denken. Die Gesellschaft, in der ich mich befand, und worunter ich auch einige gute Seelen zählte, schenkte oft Dein Bild von mir; so oft ich aber an Dich dachte, wünschte ich Dich bey mir. Wie schön ist's, um diese Zeit auf dem Garten zu seyn, und die ländliche Luft zu genießen! Nur eines gefiel mir hier nicht, und dieserwegen könnt ich Deinen Umgang hier leichter entbehren, weil ichs weiß, daß Du Dich darüber würdest geärgert haben. Man betete hier weder vor noch nach der Mahlzeit. Und wir hatten so viele schöne Speisen, die doch Geschenke des lieben Gottes sind, und es wurde für alles Dies an keinen Dank gedacht. Man aß und trank, und dann stand man auf zum Spatzieren und Spielen. Du weißt, Kind, wie oft Dein frommer Vater, diese übele Gewohnheit getadelt und uns zum zuversichtlichen Gebet, zu Gott und zum Dank für seine Güte, ermahnet hat. Den Ermahnungen deines Vaters, wollen wir gehorsamen, und uns oft mit Gebet und Dank zu unserm lieben himmlischen Vater nahen. Ja, das wollen wir thun. Lebe wohl u. s. weiter.

Sein

Heinrich an Caroline. *)

Anfänglich hatten die Deutschen nichts mit diesen Kreuzzügen zu thun; als sie aber von der Eroberung Jerusalems und anderen Thaten der Kreuzfahrer hörten, so empfanden auch sie einen unwiderstehlichen Trieb, diesem heiligen Krieg mit beyzuwohnen. Dieser Krieg, der beynahe zweyhundert Jahre daurete, hat Europa sehr entvölkert und überhaupt viel Unheil angerichtet; er würkte aber auch zu den Wohl des Handels und zur Auffklärung in unserm Weltheil. Denn weil die Kreuzfahrer durch viele Länder kamen die besser angebauet und gesitteter waren als die ihrigen, so wurden sie dadurch zur Nachahmung aufgemuntert. Man fand in Asien einige Ueberbleibsel von Künsten und Wissenschaften, man sah unter den Saracenen Handlung der Großmuth und Menschenliebe; wie könnten empfindliche Herzen kalt dagegen seyn? Die Deutschen hatten vor ihren Kreuzzügen, viel wildes und rohes in ihrem Character, sie waren von Jugend auf an Rauben und Plündern gewohnt. Auf ihren Zügen wurden sie mit den feinern und

---
*) Meine geliebten Leser, lesen hier die Fortsetzung des Briefes im vorigen Stücke.

und gesitteten Griechen bekannt, und dies bewirkte nach und nach eine merkliche Veränderung in ihren Sitten. Künste und Wissenschaften kamen auch durch die Kreuzzüge empor: Man studirte eifrig die Philosophie; es wurden Universitäten und Colegien errichtet. Geographie, Astronomie, Studium der Alterthümer, Geschichte, Sprachen, Dichtkunst, Malerey, Baukunst u. s. w. fanden ihre Verehrer, da wo vorher dicke Finsterniß und Unwissenheit herrschte. Durch diese Kreuzzüge kamen auch neue Gewächse und Pflanzen nach Europa. Ich bin u. s. w.

Aus den Papieren meines Freundes.
Prachtdorf, den 25 July 1786.

Unsere kleinen Landmädchen, wollen sich nicht mehr mit dem Schmuck der schönen Blumen, die uns die gütige Natur schenkt, begnügen lassen, sondern sie fangen schon an sich nach dem Beyspiel der Städter Demoiselles zu putzen. Vielleicht gehört auch dies mit zu den aufgeklärten Zeiten? ———

Auflösung des Räthsels im vorigen Stück:
 Die christliche Kirche.

Leseblatt für die Jugend.

Ein und dreyßigstes Stück.

Hamburg, 1786 den 2ten August.

Fritz an Andreas.

Verwichnen Sonntag, mein Liebster, gieng ich, als ich aus der Kirche kam, ein halbes Stündchen, bey unserm alten würdigen N. vor. Ich muste ihm sagen, in welcher Kirche ich gewesen, und dann fragt er mich, was ich aus der Predigt behalten? Ich befriedigte seine letzte Frage, so gut ich konnte. Jetzt kam ich mit meiner Frage: Woher es käme, daß wir uns zu einer christlichen Kirche bekenneten, da wir doch in Hamburg und auf dem Lande um unsere Stadt und an allen Orten Kirchen zählten? Alle diese Kirchen, gab er mir dann zur Antwort, in welchen uns das Evangelium von Christo dem

Gekreuzigten, geprediget wird, werden nur für eine Kirche gerechnet. Das äusserliche Gebäude, ist nicht die Kirche. In der einzigen wahren Kirche, ist Jesus der Erlöser der Welt, das Haupt und diejenigen, die an ihn glauben, ihm folgen und seinem Befehle gehorsam sind, das sind seine Glieder, und gehören zu seiner Kirche. Unter diesen rechtgläubigen Christen, waren auch viele falsche und unwürdige Mitglieder, die der Herr nach seiner Weisheit nicht vertilgen, sondern damit bis zur Aerndtenzeit warten will. Dann will er seine Gläubigen und Frommen von den Verworfnen trennen. So lauge diese frommen und gläubigen Mitglieder, der sichtbaren Kirche sind, haben sie mit ihren geistlichen Feinden, dies sind ihre böse Mitbrüder, ihre eigenen Leidenschaften, und der Feind der Menschen zu kämpfen, die sie durch Wachsamkeit, durch Gebet und durch den Glauben an ihren Herrn, besiegen, bis sie endlich nach dem letzten Kampf, für ihre Siege bekrönet und zur triumphirenden Kirche, in den Himmel eingehen.

Ich dankte dem guten Greise für seine Lehren; empfahl mich ihm. Ich bin u. s. w.

Die

Die junge Nachtigall und ihre Mutter.
Eine Fabel.

Da hab ich, liebste Mutter, sprach eine kleine unerfahrne Nachtigall zur Alten, eine allerliebste Sperlingsfamilie kennen gelernt. O, wenn du das gesehen hättest, Mütterchen, wie große Ehre mir diese guten Vögel erwiesen, du kannst mirs unmöglich glauben. Man setzte mich oben an, zog mich in allem vor, alles was ich machte wurde gut geheissen. Ich durfte den grösten Muthwillen unter ihnen verüben, ohne daß es mir zum Fehler zugerechnet wurde. Was darf sich der Sohn einer Nachtigall nicht unter den Sperlingen erlauben? Laß mich doch oft diese Familie besuchen! Soll ich? Du besuchst sie nimmer erwiederte die Mutter; Nachtigallen bleiben bey ihres gleichen.

Nicht wahr, meine jugendliche Freunde, die Antwort von Mutter Nachtigall klingt vielleicht in Euren Ohren stolz? Ist es aber stolz, wenn die Klugheit spricht: Hüte dich vor dem Umgang niedriger Seelen und erwerbe dir, durch edle Gesinnung die Freundschaft derer, die dich an Hoheit und Tugend übertreffen.

Heinrich an Carl.

Mit Recht, lieber Carl, können Sie mich einen nachläßigen Schreiber nennen, ich muß Sie deswegen um Verzeihung bitten. Lange genug ließ ich Sie auf die Fortsetzung der Beschreibung von Deutschland warten: Hier ist sie endlich: Der österreichische Kreis wird eingetheilet 1) In das Herzogthum Oesterreich. 2) Innerösterreich, Steiermark, Kärnthen, Crain, das österreichische Friaul, das Strandland. 3) Oberösterreich, oder Tyrol. 4) Vorderösterreich. 5) Gebiete des Bischofs von Trient. 6) Gebiete des Bischofs von Brixen. 7) Die Besthungen des deutschen Ordens. 8) Die fürstl. Dietrichsteinsche Herrschaft Trasp. Dieser Kreis fängt bey Böhmen an, und geht bis an das adriatische Meer. Es ist der größte unter den zehn Kreisen und 2025 geographische gevierte Meilen groß. Die merkwürdigsten Städte darin sind: Wien, Baden, Linz, Gmünden, Gräz, Judenburg, Klagenfurth, Villach, Laibach, Triest, Inspruck, Hall, Brixen, Trient, Freyburg, Breisach, Gunzburg, Constanz, Bregenz, Pludenz u. s. w.

Die

Die Stadt Wien ist in vielen Betracht
merkwürdig. Sie ist der Sitz unsers großen
Kaysers Joseph, hat eine berühmte Universität, 50 Kirchen und zählt 200000 Einwohner. Oesterreich hat viele Manufacturen
und Fabriken. In Wien sind allein auf 463
Seidengewerke, auch wird hier ein dauer-
haftes Porcelain verfertiget. Baden hat
Spiegel- und Meßing-Fabriken, und Linz
gute Wollen-Manufakturen. Klagenfurth
macht Stahl- und Eisenwaaren. In Triest
verfertiget man Wachskerzen u. s. w.
Leben Sie wohl.

Etwas aus den Papieren meines Freundes.

Schwarzzungen, den 29. July 1786.
Die Uneinigkeiten und feindselige Gesinnun-
gen unter Familien, haben seit einiger Zeit
in unserer Stadt, sehr überhand genommen.
Man schreibt dies Uebel den schwarzen und
verläumderischen Zungen der jungen Weltbürger zu. Die Nachsicht unsers gnädigen
Fürsten, hat es noch bisher verhindert, daß
man solche Zungen, die so viel Böses stiften

und den Frieden unter Vater und Mutter,
Schwester und Bruder und andern Anver=
wandten, störten, noch nicht mit einem
glühenden Pfriem durchgebohrt.

Kämpfenfeld, den 30. July 1786.
Viele Eltern und Lehrer unserer Kinder und
Zöglinge sind so glücklich, die angenehmen
Früchte für ihre Bemühung einzuerndten.
Man zählt nicht wenige Kinder, die durch
ernstliches Kämpfen, die Trägheit und Nach=
läßigkeit beym Lernen überwinden. Man
schmeichelt sich mit der Hoffnung, daß man
alle Stöcke und Ruthen, als unbrauchbare
Werkzeuge bey der Erziehung der Jugend,
betrachten wird. Wenns nur nicht süße
Träume sind.

Bruderliebe beym Wein.

Hab dich so lieb! sprach Max zum Hain,
Und hielt ihn vest in seinem Arm geschloßen:
Mein Herz ist ohne falsch, gleich dieser Wein.—
Er hatte Waßer zugegoßen.

An

An einen verwelkten Blumenkranz.
Nach der Mel. Ach Schwester, die du ꝛc.

Der du das Aug entzücktest,
Geliebter Blumenkranz,
Und Hedchens Schläfe schmücktest,
Bey ihrem Jubeltanz.
Verwelkt liegst du darnieder,
Es ist um dich geschehn,
Man wird dich nimmer wieder
Auf ihrem Haupte sehn.
Ach, noch vor wenig Stunden,
Warst du dem Mädchen werth!
Dein Reiz ist schon verschwunden,
Dein Schmuck vom Staub entehrt.
So welkend und so nichtig,
Sind Rosen und Jesmin;
Die schönste Pracht ist flüchtig,
Und sinkt in Staub dahin.
Du Bild von meinen Tagen,
Gerührt blick ich auf dich,
Du sollst mir lehrend sagen:
Dein Schicksal trift auch mich.
Wird mir noch manchen Lenzen,
Vergnügte Blumen blühn,
Fall ich doch gleich den Kränzen,
Einst zur Verwesung hin.

Der Schein blendet nicht immer.

Ein ansehnlicher Kaufmann, gieng gerade in die Schule eines Lehrers, der sein guter Freund war, in der Absicht einen Knaben aus den Schülern in seine Handlung zu erwählen. Er erblickte einige schön geputzte Knäbchen, die es sich dem Ansehen nach recht sauer bey ihrem Rechenstein werden ließen. Fern von diesen zur Linken sah er auch einen Knaben, schlecht und recht gekleidet bey seiner Arbeit, und seine Wahl fiel auf diesen. Und die Folge lehrte, daß er wohl gewählt. Dieser Knabe war für ihn und für seine Handlung gebohren, und erwarb sich durch Frömmigkeit, Fleiß und Tugend, die Gunst seines Herrn, der ihm sein Glück gründete.

Räthsel.

Nie hab ich eine That begangen.
Die sträflich war; doch nahm man mich gefangen
Und bald darauf ward ich gehangen;
Nun häng ich lange schon und habe doch mein
Leben
Noch nicht von mir gegeben;
Ich eß und trink nachdem man mich gefangen,
Nach eigenem Verlangen.

Auflösung des Räthsels im vorigen Stücke:
Eine beliebige Zahl vor oder hinter eine Reihe Nullen.

Leseblatt
für die
Jugend.

Zwey und dreyßigstes Stück.

Hamburg, 1786 den 9ten August.

An meine jugendlichen Leser.

Nicht wahr, meine jugendlichen Brüder, unter allen Menschen, die durchs Band der Freundschaft mit uns verbunden sind, kennen wir keine, die unserm Herzen werther sind, als diejenigen Personen, welchen wir nächst dem Urheber unsers Daseyns, unsern Ursprung, unsern Unterhalt und unsere Glückseligkeit zu verdanken haben? Wer kann ohne Rührung und dankbarer Empfindung der Seele an die Liebe und Treue denken, mit der ein guter Vater für uns wacht? Wer dankt es einer zärtlichen Mutter genug, für alles das, was sie seit unserm Daseyn für uns gethan?

G g   Längst

Längst schlummert meine Mutter schon unter den Todten, und noch hab ichs nicht vergessen, und ewig sey es mir ins Gedächtniß geschrieben, was sie in diesem Leben für mich that. Oft schwebt mein Geist um ihr Grab voll Dankgefühl und denkt:

Hier in dieser Grabes Höhle
Schläft der edle Staub;
Einst ein Leib der schönsten Seele,
Nun des Mörders Raub.
Längst sah ich ihn hier versenken,
Und noch ist sein Angedenken,
Mir so neu, als raubte heut
Mir ihn die Vergänglichkeit.

Oft erblick ich dich im Bilde,
Du, die mich gebahr!
Denke, wie mir gut und milde
Deine Seele war,
Denk der mütterlichen Sorgen,
Die vom ersten meiner Morgen
Mir aus deinem Herzen floß,
Bis der Tod dein Auge schloß.

H,

O, wie warst du mir, du Gute,
Immer liebevoll!
Wann in deinem Schoß ich ruhte,
War mir herzlich wohl.
Hin sind diese goldnen Stunden
Hier auf ewig mir verschwunden,
Diese Wonne, dieses Glück,
Wünsch ich mir umsonst zurück.

Rührend denk ich dieser Scene,
Dankend wein' ich dir,
Eine kindlich fromme Thräne,
An dem Grabe hier.
Blick von deiner Himmelssphäre,
Frommer Schatten, auf die Zähre,
Die mein Auge dankend heut,
Deiner theuren Asche weiht.

Einst weih ich des Dankes Zähre
An dem Garbentag,
Dir für alle süssen Lehren,
Die dein Mund mir sprach.
Deiner mütterlichen Treue,
Rühm ich besser dann und weihe
Reiner dir des Dankes Pflicht,
Vor des Mittlers Angesicht.

Ruhe sanft im kühlen Sande,
Bis zur Aerndtezeit;
Deine Seel im Lichtgewande,
Schmecke Seligkeit;
Auf der Ewigkeiten Leiter,
Steige immer, immer weiter,
In der unermeßnen Bahn
Zur Vollkommenheit hinan.

Fern von dir, blick ich hienieden,
Auf mein nahes Grab,
Bald leg ich auch hier in Frieden
Meine Hülle ab;
Schlummre sanft wie du und werde
Deinem Staube gleich und Erde,
Wann mein Aug im Tode bricht,
Steig ich auf vom Licht zu Licht.

Hier ist noch mein Auge trübe
In der Pilgerwelt;
Aber dort, du Liebe, Liebe!
Wird es ganz erhellt:
Dort, wo dich in deinem Glanze,
In dem unverwelktem Kranze,
Der um deiner Schläfe blüht,
Mein verklärtes Auge sieht.

Mögt

Mögt auch mir der Sieg gelingen
Wie er dir gelang!
Mögt ich so zur Krone dringen,
Auf dem Tugendgang;
Vor mir soll dein Bild stets schweben,
Unaufhörlich will ich streben,
Bis mein Geist dem Bilde gleicht,
Und auch ich das Ziel erreicht.

Das Lämmchen.
Eine Fabel.

Wie lieb ist mirs, sprach ein Lämmchen zu seiner Mutter, daß ich noch lang nicht groß und fett genug bin, den Menschen zur Speise zu dienen. Dich bedaure ich gute Mutter, nicht einen Augenblick bist du vor dem Tode sicher. Schon wetzen die Menschen das Messer, dir die Gurgel damit durchzuschneiden. Dann ist's um dich geschehen. Ich darf mich noch des Lebens freuen, und es mir noch lange auf grünen blumenreichen Weiden wohl schmecken lassen. Du bist nicht sicherer, mein Kind, erwiederte die Alte, vor dem Tode, als ich davor bin. Dein Fleisch, schmeckt den Menschen so gut, als ihnen das meine schmeckt. Ich und du, und unsers gleichen, sind dem Tode gleich nahe.

Denken nicht viele unter Ihnen, meine jugendlichen Freunde, gleich diesem unschuldigen Lamme? aber glauben Sie, die Jugend ist nicht sicher vor dem Tod.

Kaum zählen wir das erste Heut,
So winkt uns schon die Ewigkeit.

Carl an Fritz.

Ich soll Ihnen liebster Fritz vom Kayser Alexander und von seinen Thaten erzählen? Da haben Sie sich gewiß an den unrechten Mann gewandt: Um Ihr Verlangen einigermaßen zu befriedigen, eilt ich geschwinde zu meinem Informator, und ließ mich von der Geschichte dieses Weltbezwingers unterrichten, und nun hören Sie, was ich Ihnen davon sagen kann: Dieser Alexander war des Macedonischen Königs Philippi Sohn. Er ward ungefähr im Jahr der Welt 3648 gebohren. Sein Vater hatte ihm die vortreflichste Erziehung gegeben, von der auch alles Gute herrührte, was er nachmahls dachte, that und sagte. Zu seinem vornehmsten Lehrer be-

bestellte er den Aristoteles, einen sehr gelehrten und weisen Griechen. Er übte sich in der
Philosophie, in der Sittenlehre und der Re-
gierungskunst, legte sich mit gutem Erfolg
auf die Beredsamkeit, und lernte auch andere
Künste und Wissenschaften kennen. Die Dank-
barkeit gegen seinen Lehrer drangen ihm die
Worte ab: Er sey seinem Vater sein Daseyn,
aber dem Aristoteles, sein Leben auf eine vernünftige Art zu führen schuldig. Nur war
es an ihm zu bedauern, daß er seine größte
Ehre in kriegerischen Thaten und Eroberung
der Länder und Städte suchte. Wenn er hörte,
daß sein Vater Eroberungen gemacht, so
sprach er mit Betrübniß zu seinen Gespielen:
Mein Vater wird noch alles erobern, und uns
gar nichts zu thun übrig lassen Die Ruhm-
begierde zwang ihn, die Perser ohne daß sie
ihn beleidigt, anzugreifen. Diogenes, der
große Philosoph, gab ihm einmahl eine vor-
trefliche Erinnerung: Daß man glücklich sey,
wenn man wenig brauche. Dieser Mann,
der Pracht, Reichthum, Ehrenbezeigung,
Titel und Gewalt gering schätzte, und unter
Verstand und Tugend setzte, befand sich zu
Corinth, als Alexander in dieser Stadt kam.

Der

Der König erwartete, daß ihm Diogenes seine Aufwartung machen würde; da er aber nicht kam, so gieng Alexander mit seinen Hofleuten zu ihm; er fand ihn an der Straße in der Sonne liegen. Kaum sah er ihn, als er ihn fragte, ob er ihm nicht eine Gnade erzeigen könnte? Itzt weiter nichts, erwiederte er als daß du mir aus der Sonne gehst. Verwundert rief der Monarch aus: Wär ich nicht Alexander, so möcht ich Diogenes seyn. Alexander war ein großer Kriegsheld. Er bekriegte die Perser, schlug das große Heer ihres Königes Dairus zurück, tödtete ihm viele Soldaten, und bekam außer vielen Leute, die Mutter, die Gemahlinn und seine Kinder gefangen.

(Die Fortsetzung künftig.)

Räthsel.

Ich habe Kräfte eine große Last zu tragen, bin aber auch so ohnmächtig, daß ich nicht ein Quentlein halten kann; Unzählige Geschöpfe leben durch mich und einen unzählbaren Haufen, denen ich unentbehrlich bin, kann ich auch tödten.

Auflösung des Räthsels im vorigen Stück:

Der Vogel im Bauer.

Leseblatt
für die
Jugend.

Drey und dreyßigstes Stück.

Hamburg, 1786 den 16ten August.

Fortsetzung der Geschichte von Alexander.

Von Carl an Fritz.

Alexander ward nach seinen glücklichen Siegen stolz, grausam und wollüstig. Dem friedfertigen Darius, der ihm mehr als einmahl einen vortheilhaften Vergleich anbot, begegnete er mit übermüthiger Verachtung. Ob er gleich weit mehr einträglichere Länder erobert hatte als er in Europa besaß, so wollte er doch dem Darius auch noch alles nehmen und nicht eher ruhen, bis dieser König ein Unterthan von ihm geworden wäre. Er verfolgte ihn, bemächtigte sich seinem ganzen Reiche,

Reiche, und war Schuld daran, daß er von seinen Unterthanen ermordet wurde. So wie er als Kriegsheld Länder und Städte eroberte und überwandt, so ließ er sich von seinen schwarzen Leidenschaften besiegen. Er ergab sich der Trunkenheit, der Schwelgerey, Weichlichkeit und der Wollust. Sein Stolz verleitete ihn so sehr, daß er sich endlich als einen Gott anbeten ließ, wodurch er sich bey den Griechen und Macedoniern verächtlich und verhaßt machte. Endlich zog er sich durch sein unmäßiges Essen und Trinken eine Krankheit zu, die ihm in den 33sten Jahre seines Lebens tödtete. Man legte ihm den Namen: Groß bey, ich weiß nicht, ob er ihn verdiente. Leben Sie wohl. Ich bin u. s. w.

Heinrich an Carl.

Heute, mein Liebster, mach ich Ihnen mit dem westphälischen Kreis bekannt. Dieser wird eingetheilet: 1. In die Herzogthümer Cleve, Jülich, Berg, Oldenburg und Delmenhorst. 2. In die Fürstenthümer Minden, Verden, Ostfriesland, Nassau und Mörs. 3. In die Bisthümer Münster, Paderborn und Lüttich. 4. In die Grafschaften Mark, Ravensberg, Schauenburg, Lippe, Tekeln-

Tekelnburg, Linzen, Lüneburg, Vied, Sayn, Bentheim, Steinfurth, Hoya, die Pfalz u. ſ. w. 5. In verſchiedene Abtheien, Herrſchaften und Freyenreichsſtädten. Dieſer Kreis iſt mehrentheils von Niederſachſen, der Oſtſee und den vereinigten Niederlanden umgeben. Seine Größe beträgt ohngefehr 1250 gevierte Meilen. Die merkwürdigſten Städte darinn ſind: Cleve, Weſel, Duisburg, Jülich, Düſſeldorf, Oldenburg, Delmenhorſt, Münſter, Bockholdt, Osnabrück, Paderborn, Lüttich, Spa, Corvy, Stablo, und Malmedie, Wreden, Cornelis-Münſter, Minden, Emden, Verden, Mörs u. a. m. Cleve gehört dem Churfürſten v. Brandenburg. Jülich und Bergen dem Churfürſten von Pfalz-Baiern. Der Biſchof von Lübeck iſt Herzog von Oldenburg und Delmenhorſt. Münſter gehört dem Churfürſten von Cöln. Minden, Oſtfrisland und Mörs gehören dem König von Preußen. Der weſtphäliſche Kreis iſt ebenfals ergiebig an Manufakturen und Fabricken, Getreide, Vieh, Eiſen, Salz, Wein, Kupfer, Geſundbrunnen u. ſ. w.

Künftig ein mehres. Leben Sie wohl! Ich bin u. ſ. w.

Aufmunterung zur Freude.

Des Lebens Freuden fliehen schnell,
Gleich rothgefärbten Wangen;
Jetzt sehn wir noch die Sonne hell
Am schönen Himmel prangen.
Und bald sieht man sie nicht mehr schön.
In ihrem Glanz am Himmel stehn;
Wir sehn sie untergehn.

So ist auch unsrer Freude Glück,
Wann wir es kaum empfunden,
Zur Ewigkeit vor unserm Blick
Mit schnellem Flug verschwunden;
Drum, liebsten Freunde, nützt die Zeit,
Der reinen Lust und Frölichkeit
Sey unser Herz geweiht.

Wir sind zu Klagen nicht gemacht,
Zu Sorgen nicht und Grämen;
Die Thoren sind uns laut verlacht,
Die sich der Freude schämen;
Der Freude, der sich Weise weihn,
Die sich der schönen Erde freun;
Wir wollen frölich seyn.

Die weite Schöpfung freuet sich,
Trotz mancherley Beschwerden,
Und alles ist so wonniglich
Auf unsers Gottes Erde.

uns

Uns reitzen Feld und Blumenflur,
Die ganze blühende Natur,
Entdeckt der Freuden Spur.
  Noch, Freunde, ist die Freude da,
Auf, laßt uns sie genießen!
Sie wird, wir alle wissens ja,
Uns schnell vorüberfließen.
Bald kommt der alte Vetter Hein,
Und wiegt uns sanft in Schlummer ein.
Drum laßt uns frölich seyn.

Regina an Gottlieb.

Nicht immer, lieber Gottlieb, sollen Sie mich mit den guten Lehren unsers Greisen bekannt machen; auch ich bin so glücklich, Ihnen heute etwas davon sagen zu können. Gestern speiste der liebe Mann mit meinen Eltern zu Mittag; nachdem wir vom Tisch aufgestanden waren, faßte er meinen Bruder Carl an die Hand, nahm ihn zwischen seine Knie und sprach dann: Liebes Carlchen, ich hörte dich heute mit Vergnügen das Vater unser beten und besonders gefiel mirs, daß du die Worte: Dein Reich komme! mit so herzlichem Ausdrucke sagtest. Weißt du du auch mein Sohn, von welchem Reiche hier die Rede ist? Mein Bruder blieb die Antwort schuldig und horchte mit mir auf die klugen Lehren dieses wackern Mannes. Nun lesen Sie, was ich davon behalten habe: Wir verstehen unter diesem Reiche eigentlich den glückseligen Zustand zu dem wir durch den Glauben an unserm göttlichen Erlöser gelangen, oder das Reich der Gnaden, in welchem wir für unsern unsterblichen Geist aus der Fülle dieses Weltversöhners Heil und Gnade schöpfen. Glücklich sind die Menschen, die mit herzlicher Begierde um diese unaussprechliche Glückseligkeit zum Himmel flehen, und ihres Wunsches gewähret werden! Sie werden Unterthanen des großen himmlischen Königes, von dem sie sich für ihre Treue unaussprechliche Glückseligkeiten zu versprechen haben. Schon hier in der sichtbaren irdischen Welt empfinden sie Freude, die nie die Seelen der Unglücklichen empfinden, die außer diesem Reiche leben, und die Befriedigung ihrer Lüste für ihre Glückseligkeit achten. Und wenn sie in diesem seligen Zustand bis ans Ziel ihrer Tage verharren und dereinst diese Welt verlassen

müssen,

müssen, so gelangen sie gewiß zu dem Reiche der ewigen Herrlichkeit, wo sie ununterbrochen dem König des Himmels in Heiligkeit und Gerechtigkeit dienen u. s. w. Leben Sie wohl, Gottlieb! ich bin Regina.

Anna an ihre Lehrerinn.

O meine beste Lehrerinn, wenn ich doch jetzt einige Augenblicke meinen Gram in Ihren Schoß ausschütten könnte! Hier sitz ich, weine über meine Todten und darf nicht zu Ihnen kommen. Gedenken Sie sich meine Gute, den Schmerz, der unser Haus so tief beugt. Mutter und Schwester an einem Tage zu verlieren, ist hart. Ach! am frühen Morgen um 6 Uhr drückte man meiner Mutter die Augen zu, und sechs Stunden nachher entschlief auch meine Schwester. Dort steht mein Vater und weint, und hier zerfließen meine Geschwister in Thränen. Zu schwach sind die Tröstungen unserer Freunde. Keiner unter ihnen kann uns unsere Todten wieder ins Leben rufen. Man wird sie bald ins Grab tragen. Aber Sie haben mir ja, beste Lehrerinn, oft gesagt, daß nur der Leib des Menschen ins Grab gesenkt wird, und daß der köstlichere Theil die Seele, sich

in

in der Hand Gottes, in den Wohnungen des Friedens befindet. Dies tröstet mich und heitert meinen Geist auf, wenn gleich meine Augen naß von Thränen sind. Sie, beste Lehrerinn, mein Vater, meine Geschwister, ich und alle Menschen, werden auch dereinst wie sie schlummern; aber wir werden wieder erwachen, aus den Gräbern hervorgehen, und dann von den Engeln, auf Befehl unsers Herrn, der vor unsern verklärten Blicken in seiner Herrlichkeit erscheinen, und den Völckern des Erdenkreises das Urtheil sprechen wird, zur Freude der ewigen Wonne getragen werden. Leben Sie wohl, meine Gute! Nicht wahr, Sie bedauren mich? aber leben Sie nur lange und erlauben mir, daß ich mich Ihrer mütterlichen Güte empfehlen darf. Ich bin u. s. w.

Räthsel.

Ich bin der Sohn einer abscheulichen Mutter, die von vielen geliebt wird. Man giebt mir dreyerley Namen. Nach dem ersten beherrsch ich alles lebendige Wesen, nach dem zweiten zähl ich eine Menge Sclaven in meiner Mutter Schooß, wehe aber denen, die nach dem dritten unter meinem Scepter schmachten!

Auflösung des Räthsels im vorigen Stück: Das Wasser.

Leseblatt für die Jugend.

Vier und dreyßigstes Stück.

Hamburg, 1786 den 23sten August.

Fritz an Carl.

Sie haben mich, lieber Fritze, jüngst mit der Geschichte von dem großen Alexander beschenkt; ich erwiedere dies Geschenk mit der Geschichte von dem Römischen Kaiser Julius Cäsar, so wie ich sie von meinem Informator gehört habe; dieser Herr, der zur Zeit des großen Cicero's lebte, wurde ohngefehr im Jahr der Welt 3905 gebohren. Man läßt ihn aber erst in seinen männlichen Jahren, da er sich gleich dem Pompejus, einem vornehmen Römer, als ein mächtiger Kriegesheld bewieß, auf den Schauplatz treten. Er war ein gütiger, freygebiger und gefälliger Mann, und hatte das Glück, dadurch die Herzen seiner

G g Mit-

Mitbürger an sich zu ziehen. Es fehlte ihm auch nicht an Wissenschaften, und er besaß die Gabe der Beredsamkeit im hohen Grade. So viel Tugenden und Klugheit aber Cäsar besaß, so fehlte es ihm dagegen auch nicht an Fehlern und Lastern, vorzüglich war er ein sehr wollüstiger Verschwender, und nur durch Unterjochung seines Vaterlandes wurd' er in den Stand gesetzt, seine übergroße Schuld bezahlen zu können. Seine Macht besigte nicht allein das ganze heutige Frankreich, sondern auch einen großen Theil der angränzenden Niederlande, der Schweiz und Deutschland bis an den Rhein. Er behielte seine großen Beuten nicht für sich allein, sondern theilte reichlich aus, und machte sich dadurch großen Anhang. Pompejus sah mit dem römischen Senat scheel dazu. aber Cäsar, der sich auf seine Macht verlassen durfte, lieferte ihm eine Schlacht, siegte dermaßen über ihn, daß er flüchten mußte. Man überreichte ihm nachher in Aegypten den Kopf dieses seines ermordeten Feindes. Nun wurde er Herr über alle römische Länder, hatte aber viele heimliche Feinde, weil er durch List und Gewalt zur Herrschaft gelangt war. Brutus,

ein

ein ädler Römer, verschwor sich mit zwanzig
andern, zu Cäsars Tod. Man hatte ihn vor
den 15ten März gewarnt, und seine Frau Cal-
purnia, wollte ihn an dem Tage nicht ausgehen
lassen, weil ihr die Nacht vorher träumte, der
Giebel ihres Hauses sey eingefallen, und ihr
verwundeter Mann habe sich zu ihr geflüchtet.
Cäsar achtete alles nicht; er ging unerschrocken
nach dem Capitolio, wo ihn seine Mörder er-
warteten. Man begegnete ihm freundlich,
und plötzlich fiel man auf ein gegebenes
Zeichen, mit gezückten Dolchen auf ihn zu.
Als er unter ihnen den Brutus sah, den er sehr
geliebt hatte, sprach er in zärtlicher Bestür-
zung: Auch du mein Sohn? Er verhüllte
darauf das Gesicht mit seinem Rock, und sie
stießen ihn mit 23 Wunden zu Boden. Er starb
in dem 56 Jahre seines Alters. Man hat ihm
die Verbesserung des Calenders zu verdanken;
er hat Carthago und Corinth wieder erbauet,
und schädliche Sümpfe austrocknen lassen.
So viel von Cäsar. Leben Sie wohl! Ich
bin u. s. w.

An meine Leser

Verschiedene meiner jugendlichen Freunde,
sind Liebhaber des Gesanges beym Clavir.

Denen zur Liebe habe ich einige Lieder zu guten Melodien untergelegt; nicht in der Absicht, jene Lieder zu verdrengen, sondern nur den jugendlichen Sängern Worte in den Mund zu legen, deren Inhalt nicht immer Liebe ist.

Hier ist das erste
nach der Melod.: Die Göttinn süsser Freude.

Uns schuf zur Lebenswonne
Der Vater der Natur,
Und seine liebe Sonne
Wärmt für uns Feld und Flur,
Und Bach und Felder geben
Uns Ueberfluß zum Erdeleben.

Durch Sonnenschein und Regen
Befeuchtet Er das Land;
Für uns quillt Glück und Segen
Aus seiner Vaterhand.
Die Herzen zu erfreuen
Läßt Er des Weinstocks Frucht gedeihen.

Für uns ist in den Lenzen
Die Erde wunder schön,
Wenn wir, geschmückt mit Kränzen,
Auf Gras und Blumen sehn,
Auf Hügel, Thal und Auen,
Und auf die ganze Schöpfung schauen:

Sie

Sie ist zu allen Zeiten
Für uns so wonniglich,
Im Nahen und von Weiten
Zeigt ihre Schöne sich;
Und jede Himmels Sphäre
Zeigt ihre Pracht zu Gottes Ehre.

Wir staunen hier und blicken
Verwundernd um uns her;
Und schauen mit Entzücken
Auf Himmel, Erd' und Meer.
Und unsre frohen Töne
Erheben aller Welten Schöne.

An meine jugendlichen Leser.

Lebt Gottes Lieb in meiner Seele,
So treibt sie mich zu jeder Pflicht.

Gellert.

Wir sind, meine Geliebtesten, nicht in der Welt, daß wir nach eigenem Wohlgefallen unsere Tage verleben dürfen, sondern unsere Pflicht ist es, dem Herrn zu leben, der uns unser Daseyn gegeben, und der die Urquelle unserer wahren Glückseligkeit ist: So oft wir im Vater unser beten: Dein Wille geschehe, so erinnern wir uns an dieser großen Pflicht, und die Liebe, die er durch seinen Geist in unsre Seele

Seele senkt, treibt uns an sie zu erfüllen. Wer den Willen Gottes thut, der bleibet in Ewigkeit. Wie er in dem Himmel von den Engeln Gottes und den vollendeten Gerechten vollbracht wird, so soll er auch von uns auf Erden erfüllet werden. Wie manche Hindernisse halten uns hier auf dem Weg zum Himmel von der Befolgung des Willens Gottes ab, und ewig würden wir ferne von der Seligkeit des Himmels bleiben, wenn uns Gott nach dem Willen seines Gesetzes behandeln wollte. Das Evangelium von Jesu Christo tröstet uns in unserer Unvollkommenheit, und lehret uns den Willen Gottes thun, wodurch wir die Verheissung empfangen und die Seligkeit des Himmels theilhaftig werden können. Von der Liebe Gottes und Jesu Christo durchdrungen, wollen wir uns durch seine Kraft beeifern diesen Willen in dem Lande der Unvollkommenheit zu erfüllen, bis wir ihm in der Gesellschaft der verklärten Geister besser erfüllen werden.

Fritz an Heinrich.

Heute, Liebster, mach ich Ihnen mit dem alten ehrwürdigen Gemahl der Rhea, oder wie ich sie in meinem vorigen Brief genannt habe,

habe: Cybele, bekannt. Dieser heißt Saturnus. Er wird abgebildet als ein überaus alter Mann, der in der einen Hand ein großes krummes Messer hält: nachher hat man ihm in die andere auch eine Schlange gegeben, die sich in den Schwanz beisset; auch wohl auf den Rücken große Flügel. Durch das krumme Messer oder Sichel will man die Zeit, die nach und nach alles endet, andeuten, durch die Flügel die schnelle Flug der Zeit, und durch die Schlange der ununterbrochene Zusammenhang der Jahre. Man erzählt von diesem Saturnus, daß er seine eigene Kinder soll gefressen haben. Was man uns doch, liebster Heinrich, in der Fabel der Heiden für ungereimte Dinge erzählt. Mein Lehrer spricht, daß man unter das Verzehren der Kinder zu verstehen gegeben, wie die Zeit alles verzehrt.

Nun etwas von der Göttinn Ceres, oder die Göttinn des Getraides. Diese bildet man ab als eine ehrbare Frau mit einem Kranz von Waitzen-Aehren um die Schläfe. Sie trägt in der Hand eine brennende Fackel, auch bisweilen eine Hand voll Aehren oder eine Sichel. Man zeigt uns ihr Bild auch wohl auf einem
Wagen

Wagen sitzend, der von geflügelten Drachen gezogen wird. Künftig die Fortsetzung. Leben Sie wohl! Ich bin u. s. w.

Vergebliche Hoffnung.

Ich hoffe noch gewiß auf Erden
Ein großer, reicher Mann zu werden,
Sprach Toms, ein achtzigjährger Greis,
Und stillte seinen Durst mit einem Zapfen Eis.

Räthsel.

Was ist das für ein König, der weder Scep=
ter, Krone noch Purpur trägt, auch nie einen
Thron betreten. Er hat schon manchen Bom=
benwurf erduldet, und ist nicht davon getödtet.

Der freywillige Geber.

Ich bin mit meinen Gütern gern erbötig,
Sprach Kahl; nun, wer hat meine Hülfe
nöthig?
Kommt her; ich helf euch aus der Noth,
Und hatte kaum das liebe Brodt.

Auflösung des Räthsels im vorigen Stücke:
Der Tod.

Leseblatt
für die
Jugend.

Fünf und dreyßigstes Stück.

Hamburg, 1786 den 30sten August.

Gieb von den Gütern dieser Welt,
Mir Herr so viel als dir gefällt.
Gellert.

An meine jugendliche Leser.

Welcher Sterblicher, meine Liebsten, strebt nicht nach dem Besitze irdischer Glückseligkeiten, wer wünscht nicht vergnügt und heitere Tage zu geniessen? Nur ist es zu beklagen, daß der größte Haufe, wenn sie dieselben besitzen, nicht zu dem Zweck gebrauchen, wozu sie dieselben empfangen haben. Reichthum besitzen, und eine unabsehliche Stuffe froher Tage zählen, ist nicht das wahre Glück der Menschen; nur diejenigen sind die Beglückten der Erde, die den Theil, den sie mit Klugheit aus der Hand ihres gütigen Vaters entlehnt, und wär er auch noch so klein, zu ihrem und zu ihrer

Ji   Brü-

Brüder Wohl anwenden, und ihn mit Zufriedenheit genießen. Nur ist es zu beklagen, daß die Zahl solcher Beglückten, in Betracht jener Menge sehr geringe ist. Wie leicht ist es, meine Liebsten, mit Zufriedenheit und Ruhe von den Glücksgütern, die die Güte Gottes einem jeden mit weiser Vorsicht zugemessen, Gebrauch zu machen. Man darf nur nicht mehr zu diesem Leben verlangen als das, was uns Gott nach seinem heiligen Willen zufließen läßt, es mit Danksagung hinnehmen, und mit kindlichem Vertrauen auf seine Segnungen hoffen. Wollen wir es uns nicht zur Pflicht machen, schon frühzeitig mit dem Mann Gottes von Herzen zu beten:

Gieb von den Gütern dieser Welt,
Mir Herr so viel als dir gefällt.

Ja, meine Theuresten, so oft wir im Vaterunser beten: Unser täglich Brod gieb uns heute, wollen wir den Vorsatz fassen, nicht mehr von Gott zu verlangen, als er nach seiner Weisheit für uns heilsam findet. Und dann wollen wir ihn bitten, daß er uns weise machen möge, daß wir seine Güte, weil wir dießseit des Grabes wandeln, zu unserer wahren Glückseligkeit anwenden mögen.

An

An die Einfalt.

Schließ o fromme Einfalt mich,
Vest in deinen Schoß,
Laß mich, herzlich bitt ich dich!
Nimmer wieder loß.

Zeuch mir nie in Kopf hinein,
In den Busen nur,
Klopft mein Herz für dich allein,
Und für die Natur.

Wem du das Gehirn erfüllt,
O, der bleibt ein Tropf;
Fruchtloß trout dein frommes Bild,
In dem eisern Kopf.

Guckt ihm aus dem Angesicht,
Schwebt um ihn herum,
In der Seele kommt es nicht,
Immer bleibt er dumm.

Sey mir Einfalt nützlicher,
Schwebe mir zur Lust;
Wirksam immer um mich her,
Wohn in meiner Brust.

Heinrich an Carl.

Hier, liebster Carl, lesen Sie die Beschreibung von dem Baierschen Kreis. Man rechnet dazu das Herzogthum Baiern. 2) Die Oberpfalz. 3) Das Erzbisthum Salzburg. 4) Die Fürstenthümer Neuburg und Sulzbach. 5) Die Bisthümer Freisingen, Passau und Regensburg. 6) Die Probstey Bergtesgade. 7) Einige Grafschaften, Herrschaften und Abteien und 8) Die freie Reichstadt Regensburg. Dieser Kreis ist von Oesterreich, Tirol, Schwaben, Franken und Böhmen umgeben. Hat gegen 1020 Quadratmeilen im Umfang. Die merkwürdigsten Städte darin sind: München, Ingollstadt, Donauwerth, Amberg, Neuburg, Hochstätt, Sulzbach, Hallein, Freysing, Passau, Regensburg, u. a. m. Baiern hat Getraide und andre Feld- und Gartengewächse; Vieh, Silber, Kupfer, Eisen, Bley, Salz, Holz, Wild, Fische und Hopfen. Neuburg und Sulzbach: Vieh und Getraide. Salzburg: Vieh, Salz, Getraide, Gold, Silber, Kupfer, Bley, Eisen, u. s. w. München ist eine der besten Städte in Deutschland und zählt 50000 Einwohner. In Salzburg

burg wird jährlich auf 750000 Centner Salz gewonnen. Passau ist wegen des im Jahr 1552 hier geschlossenen Religionsfriedens bekannt. Leben Sie wohl!

Socrates.

Sie müssen, mein Liebster, in meinen Blättern, auch den guten Socrates kennen lernen. Dieser liebenswürdige Philosoph lebte ohngefehr im Jahr der Welt 3568. Er war ein Athenienser von Geburt; sein Geschäfte war bis ins 30ste Jahr seines Alters, die Bildhauerkunst, die er von seinem Vater erlernet hatte. Um diese Zeit nahm sich ein vornehmer Athenienser seiner an, und unterstützte ihn, daß er vermögend war, sich ganz den Wissenschaften zu widmen. Nun zeichnete er sich durch seine weise Lehren und durch seinen Tugendwandel vor allen Menschen aus. Cicero nannte ihn den Vater der Philosophie. Dieser weise Mann flößte durch seine sanften Lehren, seinen Mitbürgern Ehrfurcht gegen das höchste Wesen, Liebe für Religion und Tugend, und die nützlichsten Kenntnisse ein. Vor ihm hatte noch kein Grieche so edele und heilsame Begriffe von

J i 3 Gott

Gott ausgebreitet, als er. Er lehrte, daß die Gottesfurcht nicht in äussern Ceremonien bestand, sondern in der Ausübung der Tugend. Er zeigte, daß Gelehrsamkeit, Weißheit und Tugend, nie von einander müssen getrennet seyn. Daß man nichts für nützlich halten könne, was nicht erlaubt und gerecht sey. —— Daß man sich, weil die Seele unsterblich ist, vor dem Tode nicht fürchten dürfte, weil dieselbe sich durch Tugend und Rechtschaffenheit, zu den Wohnungen der Götter empor schwänge. Er lehrte nicht immer an einem gewissen Ort zu Athen, sondern fast in allen Gegenden der Stadt. Besonders nahte er sich mit seinen weisen Lehren, Jünglingen, und suchte sie durch seinen klugen Unterricht auf den Weg zur wahren Glückseligkeit zu leiten. Ohngeachtet sein Lebenswandel so untadelhaft war, und er in seinem Leben Niemand Unrecht gethan, und seine Lehren so schön waren, zählte er doch eine Menge Feinde. Man suchte ihn durch öffentliche Schauspiele lächerlich zu machen. Die Bosheit seiner Feinde brachte ihn endlich vor Gericht, und man beschuldigte ihm, daß er die Religion verfälschte, die Jugend verführte, und den Tod verdienet hätte. Er ward ins

Gefäng-

Gefängniß gesetzet, wo er dreißig Tage lang, mit Ketten gefesselt, zubrachte. Er verfertigte daselbst Loblieder auf die Götter, tröstete und unterrichtete seine Freunde, die ihn täglich besuchten. Endlich nahm er den Giftbecher mit ruhiger und heiterer Seele, und starb in dem 70sten Jahre seines Alters, in der gewissesten Hoffnung eines ewigen Lebens in den Wohnungen der Götter.

Das Schaf und verschiedene andere Thiere.
Eine Fabel.

Es naheten sich verschiedene Thiere dem Thron des Jupiters mit ihrem Gebete; allein ihre Gebeter waren so beschaffen, daß der Gott keines, wenn er nicht das allgemeine Wohl seiner Geschöpfe verhindern wollte, befriedigen könnte. Die Wasserthiere baten um viele Nässe; und die, welche sich auf dem Lande ernährten, wünschten mehre heitere als trübe regnigte Tage. Und einige unter ihnen baten um das, was andere nicht verlangten, weil sie glaubten, daß es ihnen schädlich war. Das fromme Schaf allein betete nach dem Willen des

des Jupiters; es sprach: Weiser Jupiter, du weißt es besser als deine Geschöpfe, was ihnen nützet; ich will dir nicht in meinem Gebet vorschreiben, was du mir geben sollt; nur dasjenige verlange ich von deiner Güte, was dir selbst beliebt mir zu geben, und was mir wirklich heilsam ist.

Das gute Schaf! Menschen, erinnert euch an dies Beyspiel, wann ihr euch betend dem Throne Gottes nahet!

Der herzhafte Luftschiffer.
Bald wird man mich, spricht Feicht, in hohen Lüften sehn,
Schon sah man bebend ihn an seinem Schiffe stehn. —
Ha! so muß man die Furcht besiegen.
Der Luftball ward gefüllt—Er ließ ihn fliegen.

Räthsel.
Wie heißt der Pfad hier in Hamonia,
Auf dem man nie ein Pferd, nie Kutsch noch Wagen sah?
Und den wir stets mit einem Namen nennen,
Den er noch nie behaupten können.

Leseblatt für die Jugend.

Sechs und dreyßigstes Stück.

Hamburg, 1786 den 6ten Septemb.

Die kleine Grasmücke.
Eine Fabel.

Hast dus gesehen, Mutter, sprach eine kleine Grasmücke zur Alten, mit welchem Ueberflusse der Storch auf dem Dache seine Jungen ernährt? Warum speisest du mich und meine Geschwistern auch nicht so reichlich? Wisse, mein Sohn, daß du mit samt deinen Geschwistern einen so großen Theil Speise nicht zum Unterhalt bedarfst. Woher sollt ich ihn auch nehmen, und wenn ich ihn wirklich für euch sammlen könnte, so würd ich ihn nicht zu euch tragen können, und es würde euch auch unmöglich seyn, ihn zu verzehren.

Ueberlassen Sie es, meine jugendlichen Leser, der Wahl ihrer Eltern, wenn Sie uns etwas bitten, das sie Ihnen aus ihrer gütigen Hand geben sollen. Sie wissens besser als ihre Kinder, wie viel ihnen zum nützlichen Gebrauch nothwendig ist. Verlangen Sie niemals etwas von ihnen, das sie Ihnen nicht zu leisten vermögend sind. Was reiche und vornehme Eltern ihren Kindern gewehren können, das können Eltern, die an überflüßigen Glücks: gütern Mangel leiden, ihren Kindern nicht leisten.

Lied an der Unschuld.
Nach der Melodie: Liebe du Göttinn ꝛc.

Unschuld, du Göttinn frühester Jugend,
Senke dich fromme, himmlische Tugend,
Bleibend auf mich nieder;
Du, die mir entflohn,
Bau von neuen wieder
In mir deinen Thron.

Zierde der Schönen! Im holden Bilde
Schwebtest du einst in Edens Gefilde
Auf den goldnen Fluren,
Um die Glücklichen;
Aber deine Spuren
Sind nicht mehr zu sehn.

Wonne

Wonne für unsere Erde beschieden.
Froh begleitet vom göttlichen Frieden;
Und mit schnellen Schwingen
Rißen sie sich loß;
Gram und Noth empfingen
Sie in ihren Schooß.

Weile, Unschuld, erhabene Tugend,
Auf mich, wie du in frühester Jugend,
Um die Schläfe weiltest,
Die noch nie entweiht,
Der du stets ertheiltest,
Göttinn, Seligkeit.

Christlieb an Philip.

Herzlich, liebster Philip, hab ich Sie bedauret, daß Sie die Beleidigungen eines unerzogenen und boshaften Knaben, erdulden müssen. Noch mehr aber hat es mich gekränkt, daß Sie den Vorsatz gefaßt, seine Beleidigung mit Feindseligkeiten zu vergelten. O mein Liebster, tilgen Sie, ich bitte Sie um unserer Freundschaft willen, diesen sträflichen Vorsatz aus Ihrer Seele! Erlauben Sie mir, daß ich Sie an die Worte unsers geliebten Heilandes erinnern darf: Liebet eure Feinde, segnet die euch fluchen. Selbst würden Sie den größten Schaden dafür einerndten, wenn Sie Böses mit Bösem vergelten wollten. Beten wir nicht in dem Gebete unsers lieben Herrn: Vergieb uns, Vater, unsere Schuld, als wir unsern Schuldigern vergeben? Wie, wenn Sie nun ihrem Beleidiger seine Sünde vergelten wollten, könnten Sie denn hoffen, daß Sie die Erlassung Ihrer Schulden erlangen würden? Nein, Nein, so seyn Sie nicht mehr böse auf den kleinen Sünder; vergeben Sie ihm gerne und von Herzen, so bin ich mit Vergnügen Ihr

Christlieb.

Die sechste Fortsetzung der allgemeinen Weltgeschichte.

In dem Königreiche Israel folgte David dem Saul in der Regierung, und ward anfangs nur von dem Hause Juda als König erkannt; aber nach dem Tode des Ischboschet unterwarfen sich ihm auch die übrigen Stämme. Man kennt diesen würdigen Mann aus der heil. Schrift, und wir wissen, daß er ein Mann nach dem Herzen Gottes war. Auf ihn folgte der

der weise und fromme König Salomo, der auf Gottes Befehl dem Tempel zu Jerusalem bauen ließ. Dies geschah im Jahr der Welt 3702, im 480 Jahr nach dem Auszug aus Egypten, 172 Jahr nach der Eroberung der Stadt Troja und 246 vor Erbauung der Stadt Rom. Rehabeam folgte seinem Vater in der Regierung. Durch Befolgung seiner schlechten Rathgeber, ward das Königreich der Juden in zwey Theile, in das Königreich Israel und Juda getheilet. Jerobeam ward König über das Haus der letztern. Um diese Zeit schienen die Könige in Egypten sehr mächtig zu werden. Ungefehr um das Jahr 3083 regierte der gottlose König Ahab, der durch seine Habsucht und durch die Habsucht der Isabel, das unschuldige Blut des Nabots sich schuldig machte. Künftig die Fortsetzung.

Der Hering.

Auch von diesem guten Fisch, der von manchen der König der Fische und von den hamburgischen Fischern der gekrönte Fisch, wegen seiner Güte und Nutzbarkeit genannt wird, muß ich meinen jugendlichen Leser doch eine kurze Beschreibung machen. Der Ocean ist eigentlich sein Geburtsort. Herr Linneus nennet uns zweyerley Arten, große und kleine. Die ersten wohnen im westlichen Meere und die letztern im bothnischen Meerbusen. Man spricht auch von einem König der Heringe, der die andern führet. Dieser Fisch legt nur einmal im Jahr Eyer, und zwar im Herbst, wenn Tag und Nacht gleich sind. Er vermehret sich sehr stark. Seine Nahrung bestehet in kleinen Krebsen, Fischen und Meerwürmern. Sein eigentlicher Aufenthalt ist zwischen den äußersten Gränzen von Schottland, Norwegen und Dännemark. Von da schwimmen sie im Brachmonat und August regelmäßig in ganze Schaaren ab, und ziehen durch Holland, Flandern, England und Irland, bis sie an den Küsten von der Normandie anlangen. Die Holländer gehen im Monat Juny, in der ersten Nacht nach dem Johannistag, Nachts um 12 Uhr zum Heringsfang aus. Sobald sie einen Fang gethan, nehmen sie das Eingeweide bis auf Milch und Rogen heraus, salzen sie ein, packen sie in Tonnen und so werden sie zu uns gesandt.

Wer

Wer ist der Liebenswürdigste.

Jean und Fritz waren zwey Brüder von verschiedenen Charaktern. Der erste hatte einen vortreflichen Kopf, der alles leicht begreifen und behalten konnte, und Fritzchen muste sich sehr viele Mühe geben, nur dasjenige zu lernen, was ihm höchst nothwendig war; Jean, der sich wegen seiner Fähigkeit fühlte, beeiferte sich nun immermehr durch Erlernung der Wissenschaft eine hohe Stuffe in der Gelehrsamkeit zu erreichen, und er bemühete sich auch deswegen nicht vergebens. Und nun wurde er auf einmal so stolz auf seine Wissenschaften, daß er glaubte, seines gleichen unter seinen Brüdern nicht zu finden, und erlaubte sich Spott und Verachtung gegen dieselben. Seinen Bruder Fritz, in dessen Busen ein bieder Herz klopfte, und der die Redlichkeit selber war, auch seinen Eltern durch Gehorsamkeit und aufrichtige kindliche Liebe, Freude machte, nannte er einen Dummkopf, und achtete ihn kaum so werth, daß er mit ihm sprechen möchte. Wer meine jugendlichen Freunde ist Ihnen unter diesen beyden Knaben der Liebenswürdigste. Ich denke Fritz. Wissenschaften geben uns
keine

keine Würde, wenn wir stolz und hochmüthig darüber werden.

Grabschrift eines Faulen.

Hier Wandrer, liegt Faulenzius;
Die Arbeit war ihm stets ein hartes Muß,
Und wirksam seyn die größte Plage:
Nun ruht er herzlich aus bis an den jüngsten Tage.

Räthsel.

Mein Nachbar hat drey und ich habe nur zwey Beine; wir sind gewöhnlich schwarz gekleidet. Man giebt uns auch wohl einen rothen und bunten Rock, auf unseren Beinen tragen wir aber keine Strümpfe und auf unseren Füßen keine Schuhe.

Auflösung des Räthsels im vorigen Stück.
Der Jungfernstieg.

Leseblatt für die Jugend.

Sieben und dreyßigstes Stück.

Hamburg, 1786 den 13ten Septemb.

Als
Se. Hochwürden
Herr Pastor Sturm
zu St. Petri
starb.
Hamb. den 26. August 1786.

Auch Du Lieber, bist dahin gesunken
In den Arm, der ewig vest Dich hält;
Hast den Todesbecher schon getrunken,
Und Du lebst nicht mehr für unsre Welt.

Wirst nicht mehr in diesem Pilgerleben
Uns zur hohen Tugend Muster seyn,
Nicht mehr unsern Seelen Lehren geben,
Nicht mit Trost und Rath uns mehr erfreun.

Die wir Dich in Deinen Todesnöthen,
In den letzten schweren Kampf gesehn,
Ach, wir hoften bebend — unser beten,
Für Dein Leben war vergebens Flehn.

Schon entseelt liegst Du vor unsern trüben,
Unsern thränenvollen Blicken da;
Um Dich klagen herzlich Deine Lieben,
Und es weint um Dich Hammonia.

Ernste Thränen auf so Vieler Wangen,
Reden Deiner guten Thaten Ruhm:
Ach! zu früh bist Du dahin gegangen,
In der Engel hohes Heiligthum.

Viel zu früh für uns o weiser Lehrer,
Senkt der Todes-Engel Dich ins Grab,
Viel zu früh für alle Deine Hörer,
Und für die, die Deine Milde gab.

Aber nicht ruft Dich zu früh, Du Lieber,
Die Vergeltung zu der Treue Lohn, —
Froh schwingt sich Dein schöner Geist hinüber,
Zu der Himmels Dir bestimmten Kron.

Milde ströme Dir die Freudenquelle
Die am Thron des großen Mittlers quillt,
Dessen Liebe hier schon Deine Seele,
Mit der schönsten Seligkeit erfüllt.

Unsre Zähren fließen Dir zur Ehre,
Frommer Mann, durch Lehr und Thaten groß!
Heil Dir für Dein Beyspiel, für die Lehre,
Die für uns aus Deinem Munde floß.

Heil Dir! Deiner Lehre Nachhall flöße
Lust zur Tugend unserm Geiste ein;
Der Gedank an Deines Beyspiels Größe,
Reitz uns ihr beständig treu zu seyn.

Fritz an Heinrich.

Nachdem Sie mein Liebster, Saturnus und die Hera, kennen gelernet, muß ich Ihnen auch eine Abbildung von dem Gott des Weins, Baschus machen. Wenn sie sich bemühen wollen, so gehen Sie zu unserm Raths Weinkeller, da finden Sie das Bild dieses Gottes, in seiner ganzen Gestalt. Sie werden aber auch andere Abbildungen von ihm finden. Ich erblickte ihn jüngst auf einem Wagen sitzend, der von Löwen gezogen wird. Auf demselben saß er, als ein junger schöner Mann, mit krummen stumpfen Hörnern über der Stirne, mit Weinreben, oder auch mit Epheu bekränzt, um die Schultern mit einem bunten Fell bekleidet, in der Hand einen Stab haltend, der gleichfalls mit Weinreben, oder mit Epheu umwunden ist. Die Hörner sollen ein Bild des Muths, den der Wein macht, seyn.

Der Pan, oder Waldgott, wird gleichfalls mit kleinen Hörnern abgebildet, die den Ziegenhörnern nicht ungleich sind. Er erscheint überhaupt als ein bärtiger Mann, rauch, mit spitzigen Ziegenohren und Füßen, mit einem krummen Hirtenstab in der Hand. Was macht man doch alles aus den nichtigen Göttern der Heiden. Ha! ha! ha! Leben Sie wohl! u. s. w.

Solon.

Weil Sie meine jugendlichen Leser, gerne Geschichte lesen, so mache ich Ihnen hiermit das Vergnügen, Ihnen einen der weisen Gesetzgeber Griechenlands bekannt zu machen. Er hieß Solon. Ehe ich Ihnen die Geschichte weiter erzähle, muß ich Ihnen sagen, daß Griechenland sieben solcher weisen Männer zählte: 1. unser Solon zu Athen. 2. Thales zu Mileto. 3. Periander zu Corinth. 4. Clepbulus in Lydien. 5. Chilon zu Lacedemon. 6. Bias zu Priene. 7. Pyttacus zu Mytilene. Der weise Gesetzgeber, von dem ich hier erzähle, lebte ohngefehr im Jahr der Welt 3390, zur Zeit des weisen Königs Krösus. Von seiner Jugend wissen wir nichts zu sagen; erst in seinem männlichen Alter tritt er vor uns auf, als ein weiser Sittenlehrer. Hier sind einige Lehren von ihm: Derjenige soll von dem Umgang aller ehrbaren Leute ausgeschlossen seyn, der seine rechtschaffene Eltern nicht ernähren will, oder der sein Vermögen verschwendet hat. — Lerne erst gehorchen, ehe du anderen befehlen willst. — Rathe andern nicht das Angenehmste, sondern das Beste. Eile nicht Freunde anzunehmen; suche aber wahre Freunde desto länger zu erhalten. — Wie das Leben der Menschen, so ist auch ihre Rede beschaffen. — Ueber eine böse Handlung muß jedermann, eben sowohl seinen Misfallen bezeugen, als derjenige, der dadurch beleidiget worden ist. Dem König Krösus, der ihm die Frage vorlegte, nachdem er ihm seine großen Schätze gezeiget: wer der Glücklichste wäre? gab er zur Antwort, weil er wohl wuste, daß er für den Glücklichsten wollte gehalten werden. Niemand kann vor seinem Tode glücklich gepriesen werden. Dies muste

Krö-

Kröſus nachher in der That erfahren; denn als er von dem Cyrus war überwunden worden, ließ ihn derſelbe auf den Scheiterhaufen ſetzen, daß er ſollte verbrandt werden. In dieſer traurigen und ſchrecklichen Lage erinnerte ſich der unglückliche König an den weiſen Ausſpruch des Solons, und rief einmal über das andere: O Solon! Solon! Dieſer Ausruf rettete ihm das Leben, als Cyrus davon belehret ward. Wir wollen uns, meine Liebſten, die guten Lehren dieſes Weiſen oft erinnern, und uns beeifern Nutzen daraus zu ziehen.

Am Bußtage.

Weltrichter, ich erſcheine,
Mit banger Furcht vor dir;
Du weiſt es wie ichs meine,
O, ſey nicht ſchrecklich mir.
Mit tiefgebeugtem Herzen,
Werf ich vor dich mich hin
Und klage dir mit Schmerzen,
Daß ich ein Sünder bin.

Vor deinem Angeſichte
Prüf ich mich, Heiligſter;
In deinem hellen Lichte,

Liegt

Liegt meiner Sündenheer.
Du sahst zu oft mein Wanken,
Auf meiner Pilgerbahn,
Mit reuigen Gedanken,
Mein Vater, denk ich dran.

Sieh meiner Seelen Reue,
Erhör mein banges Flehn!
Barmherziger, verzeihe,
Mir gnädig mein Vergehn!
Das Blut von deinem Sohne,
Tilgt meiner Sünden Schuld;
An seinem Gnadenthrone,
Hof ich auf deine Huld.

Ich hoffe nicht vergebens,
Auf dich in deinem Sohn,
Die Quelle meines Lebens,
Fließt mir an seinem Thron.
Mit freudig frohem Beben,
Blick ich hinauf zu dir,
Und schöpfe Heil und Leben,
Aus Jesu Fülle hier.

Herr, gieb zum guten Werke,
Mir deines Geistes Kraft,
Sey meiner Schwachheit Stärke!
Du bist's, der alles schaft.
Hilf du die Lust mir dämpfen,

Die

Die meinen Geist entehrt,
Bis du nach ernsten Kämpfen,
Die Krone mir gewährt.

Grimmdorf, den 10. Sept.

Gestern fiel der Sohn eines Landmanns von einer hohen Leiter und zerbrach das Bein. Er war in der Absicht hinauf gestiegen, die kleinen nackten Vögel aus dem Neste zu nehmen, um seine Grausamkeit, wie er gewohnt war an ihnen auszuüben, und die kleinen Köpfe einzudrücken.

Mutter Suse.

Ich lasse Gott, sprach Mutter Suse, rathen,
Und werde nie um Hülfe ängstlich stehn:
Sie hatte einen Beutel voll Ducaten,
In ihrem Schranken stehn.

Räthsel.

Welcher Ehemann hat eine Frau, die nichts ähnliches mit allen Weibern der Erde hat; und ob sie gleich nicht unfruchtbar ist, ihm doch nie einen Sohn oder eine Tochter geschenkt.

Auflösung des Räthsels im vorigen Stück:
M. und N.

Leseblatt
für die
Jugend.

Acht und dreyßigstes Stück.

Hamburg, 1786 den 20sten Septemb.

Rosine an Henriette.

Gestern, meine Liebe, erhielt ich von meinem guten Vater ein angenehmes Geschenk; es sind die sämmtlichen Schriften des frommen Gellert. Ob ich gleich die mehresten dieser Schriften gelesen habe und verschiedene Fabeln und viele geistl. Lieder von außen weiß, so hätte ich doch nächst der Bibel kein besseres Buch zum Geschenk erhalten können. Mein Informator war zu meinem Glücke gegenwärtig, als ich dies Geschenk erhielte; ich sagte zu meinem Glücke, weil ihm der Anblick dieser Bücher Gelegenheit gab, mir mit der Geschichte ihres würdigen Verfassers bekannt zu machen. Sie müssen diesen frommen Mann auch kennen lernen Henrietchen, hören Sie: C. Fürchtegott Gellert, wurde 1715 zu Haynichen in Sachsen geboren. Er war eines Predigers Sohn, der im 75 Jahre starb. Er studierte Theologie und Philosophie: und gieng in seinem 19ten Jahr auf die Universität nach Leipzig. Nachdem er vier Jahr zu Leipzig studirt, gieng er wieder nach seiner Vaterstadt. Nachher ward er ein öffentlicher Lehrer der Philosophie zu Leipzig. Sein sanftes und frommes Herz, sein edler Umgang und seine angenehmen und lehrreichen Schriften erwarben ihm viele Freunde, und machten ihn unentbehrlich. Er war nicht allein ein Lehrer der Tugend, sondern auch ein ernstlicher Ausüber derselben. Sein Eifer in der Abwartung des öffentlichen Gottesdienstes war ausserordentlich. Er war liebreich und dienstfertig gegen alle Menschen und half mit Freuden, wenn er auch zuweilen das Nothwendige mit den Armen theilen muste. Kein Elender gieng ohne Trost und Hülfe von ihm. Er suchte keine Wohlthaten und empfieng doch dieselbe, besonders aus den Händen der Großen der Erde in der Menge. Nur war es traurig für ihn, daß seine große und edle Seele in einem

siechen

siechen und kränklichen Körper eingeschlossen
war. Demohngeachtet, ließ er von seinem
Fleiß im Unterrichte seiner Zuhörer nicht ab,
sondern grif sich oft über Vermögen an. Mit
wenigen Worten, unser Gellert verlebte ein
göttliches Leben, und erreichte 54 Jahre in die=
ser Welt. Im Jahr 1769 rückte das Ende seiner
Leidenstage heran, und er gieng dem Tod mit
großer Freudigkeit entgegen. Die Aerzte ver=
suchten alles ihn zu retten. Der Churfürst von
Sachsen sandte ihm vergebens seinen Leibarzt.
Als man ihm eine Stunde vor seinem Tode
versicherte, daß er nach einer Stunde würde
überwunden haben, sprach er mit der größe=
sten Heiterkeit: Gottlob, nur noch eine
Stunde. Er schlummerte den 13 December
1769 im Glauben an den Erlöser sanft ein.

Vincent an Heinrich.

Ich versprach Ihnen, liebster Heinrich, in
meinem vorigen Brief, daß ich Ihnen bald
mehr von der Naturgeschichte erzehlen würde.
Hier bin ich, da lesen Sie etwas von Schmet=
terlinge und Seidenwürmer: Die Schmet=
terlinge haben einen harichten Körper, vier

ausgespannte gefiederte Flügel, drey paar
Füße, zwey lange Fühlhörner, einen Rüssel,
zwey große Augen, die aus vielen tausenden
bestehen. Sie legen Eyer und sterben darnach.
Die Schmetterlinge, Zwiefalter, Papillons,
Buttervögel entstehen aus Räupchen, die
Kohlblätter, Laub und Gras, und eine
Menge andere Pflanzen und Kräuter fressen,
sich drey bis vier mal häuten, sich hernach ver=
puppen, und endlich als herrlich schön gefie=
derte Thierchen davon fliegen. Die Zeit ihrer
Verwandelung ist ungleich; einige verwan-
deln sich früh andere spät. Die Sorten der
Schmetterlinge sind verschieden; es giebt
kleine und große, blaue und rothe, gelbe und
grüne, bunte braune und weiße. Man zählt
Tag= Nacht= und Dämmerungs=Schmetter=
linge. Die Seidenwürmer gehören zu den
Nachtvögeln. Diese gehören hauptsächlich in
den warmen Ländern zu Hause, wo viele
Maulbeerbäume wachsen. Sie können auch
wie wir wissen in Stuben und Kammern er=
zogen werden. Ihre Eyer sind rund und
platt, und haben in der Mitte ein Grübchen,
und sehen Anfangs gelb, dann braun, und
endlich grau aus. Aus diesen Eyern kommen
braune

braune schwarzköpfigte Raupen, die neun Ringe, sechszehn Füße, auf jeder Seite neue Oeffnungen, und hinten eine Hornspitze haben. Ihre Speisen sind Maulbeerbaum-Blätter, auch wohl zarte Salatblätter. Der Seidenwurm ist wie alle andere Raupen nichts weiter als ein Schmetterling, den Häute oder Felle bedecken, die er nach und nach ablegen muß. Dies thut er bald nach der Geburt, und nachgehends häutet er sich wohl noch 4 mal, ohngefähr alle sieben Tage. Zehn bis dreyzehn Tage nach der vierten Häutung, nachdem er sein Alter von 40 bis 41 Tage erreicht hat, wird er am Hinterleibe gelb, entledigt sich von allen Unrath, und behält nur den zähen Saft noch bey sich, aus dem er Seide spinnt. Diese entsteht aus zween Fäden, die aus ihrem Munde gehen; ihr Gewebe nennt man Kokon. In diesem Kokon legt die Raupe nach etlichen Tagen die letzte Haut, daran die sechszehn Füße hängen bleiben, ab; wird eine Puppe, und nach drey Wochen bohrt sie geflügelt ihr Gefängniß und fliegt als ein Schmetterling davon. Dieser Schmetterling schwärmt einige Tage herum, sieht einen Gatten, begattet sich, und das Weibchen legt zwey bis dreyhundert

Eyer und stirbt darnach mit dem Männchen. Leben Sie wohl, lieber Heinrich. Ich bin u. s. w.

Die stolze Henne.
Eine Fabel.

Eine Henne, die von der Natur mit den schönsten bunten Federn geschmückt war, bildete sich auf ihre Schönheit so viel ein, daß sie glaubte in der ganzen Hüner-Gesellschaft nicht ihres gleichen zu finden. Dieser Stolz war einer ihrer Nachbarin unausstehlich. So oft sie die eingebildete Närrin sah, begegnete sie ihrem Hochmuth mit Verachtung. Endlich konnte sie sich nicht enthalten, ihr gerade ins Gesicht zu sagen: daß sie nicht Ursache hätte, sich auf ihre Federn einzubilden. Sie hätte ihre Mutter gekannt, die eben so schön wie sie gewesen wäre, und daß sie der Natur ihr prächtiges Ansehen allein zu verdanken, und daß sie deswegen weder Lob noch Bewunderung verdiente.

Ihr schön geputzten Mädchen und Knaben, seyd nicht stolz auf Euren Schmuck, den Ihr dem gütigen Geschick und Euren Eltern zu verdanken habt.

Aus

Aus den Papieren meines Freundes.

Geitzendahl, den 16. Sept.

Um die Jugend frühzeitig zur Mildthätigkeit gegen die Armen zu gewöhnen, geben die Eltern in unsern Gegenden ihren Kindern einige Schillinge, die sie den Dürftigen ertheilen sollen. Die mehrsten aber unter ihnen, lassen sich vom Geiz dermaßen überwältigen, daß sie barmherzig und mitleidig seyn, darüber vergessen. Sie stecken das Geld in ihre Spartasche. Sind solche harte Seelen werth, daß man sie zu solchen würdigen Werkzeugen gebrauche?

Wünschburg, den 17. Sept.

Wenn der Himmel alle die Wünsche erhören wollte, die jetzt aus dem Herzen junger Weltbürger empor steigen, so würde die Glückseligkeit des Staats und das Wohl unsers Vaterlandes bald zu Grunde gehen. Viele wünschen alle Tage Freudenbezeugungen anstellen zu können, daß sie mit dem Schulgehen und mit der Erlernung der Wissenschaften gänzlich möchten verschonet werden. Andere wünschen, daß die Schätze ihrer Eltern sich

sich deswegen reichlich vermehren möchten daß man ihnen zu prächtigen Kleidern und zum überflüssigen Aufwand immer hergeben könnte. Und viele dergleichen thörigte Wünsche, die wir nicht der Mühe werth halten, hieher zu setzen, hört man jetzt. Die Weißheit des Himmels, wird die Befriedigung dieser Wünsche verhindern.

Die gehorsame Tochter.

Ja, gerne will ich thun, sprach jüngst Cornelia,
Zu dem Papa und der Mama,
Was Sie von mir mit Recht begehren,
Und that noch nie nach ihren Lehren.

Räthsel.

Ich bin weder Trank noch Speise, und doch ernähr ich einen unzählbaren Haufen, und ohne Gift und Mordgewehr, bin ich einer unzählbaren Menge Tod und Verderben.

Auflösung des Räthsels im 34sten Stück.
   Der Kegelkönig.

Auflösung des Räthsels im vorigen Stück:
   Der Doge zu Venedig.

Leseblatt für die Jugend.

Neun und dreyßigstes Stück.

Hamburg, 1786 den 27sten Septemb.

An die Natur

Nach der Melodie: Wenn die Nacht in 2c.

Holde, gütige Natur,
Milder als Cythere!
Prächtig schmückst du Feld und Flur,
Füllest Erd und Meere.
Alles spricht von deinem Ruhm,
Mensch und Thier und Gras und Blum.

Ueberall bist du bekannt
In den schönsten Bildern,
Und doch wird des Künstlers Hand
Dich vergebens schildern.
Du, so vieler Wesen Glück,
Bist des Schöpfers Meisterstück.

Alles muß auf deinem Winck
Aus dem Nichts entstehen,
Was wir ohne Kunst und Schmink
In der Schöpfung sehen.
Selbst der Mensch des Schöpfers Bild,
Wird aus deinem Keim enthüllt.

Deinem weiten Schooß entstand
Ohne Fehl und Mängel,
Die die stolze Kunst erfand,
Mancher schöner Engel:
Aber wenig Tage nur
Schmückte sie dein Bild, Natur.

Noch ist nicht dein Bild entflohn,
Aedlen Biedersöhnen,
Und noch hast du deinen Thron
Unter deutschen Schönen.
Wäre doch die Zahl nicht klein,
Die dir, o Natur, sich weihn!

O der übergroßen Zahl,
Die dein Bild verschenchet!
Eitler Putz herrscht überall,
Deine Schönheit weichet. —
Ungekünstelte Natur,
Leite mich auf deine Spur.

Carl

Carl an Heinrich.

Hiermit, liebster Heinrich, geb ich Ihnen den fränkischen Kreis. Dazu wird gerechnet, 1. Die fränkischen Fürstenthümer, Marggraf zu Brandenburg, Baireuth, oder Culmbach, und Anspach. 2. Die gefürstete Grafschaft Henneberg und Schwarzberg. 3. Die Bisthümer Bamberg, Würzburg und Eichstädt. 4. Das Meisterthum Mergentheim. 5. Das Fürstenthum Hohenlohe. 6. Verschiedene Graf- und Herrschaften. 7. Fünf freye Reichsstädte. Dieser Kreis liegt fast mitten in Deutschland, und ist 15 bis 30 Meilen lang und breit. Die merkwürdigsten Städte darin sind: Anspach, Schwabach, Baireuth, Erlang, Culmbach, Bamberg, Würzburg, Eichstädt, Mergentheim, Schmalkalden, Langenberg, Schwarzenberg, Wertheim, Nürnberg, Schweinfurth u. s. w. Manufakturen und Produkte sind: Porzellainfabrik, Gold- Silber- Stahl- und Eisendrathzieher. Huth- und Strumpf-Fabriken u. s. w. Es ist mit Obst, Wildpret, Fische, Holz, Toback, Wein u. dgl. gesegnet. Anspach hat schöne Gärten, Schwabach eine Münze. Culmbach hat eine Universität. Zu Bamberg ist eine katholische Universität, Würzburg ebenfals. Leben Sie wohl! Ich bin u. s. w.

Kunst und Treu.
Eine Fabel.

Kunst und Treu, zwey Hunde, wurden von ihrem Herrn geherzt und geliebt; der erste wegen der vielen Künste, die er machen könnte, und worin er seinen Meister suchte, und Treu, weil er sich durch seine Wachtsamkeit seinem Hause unentbehrlich gemacht. Der Kunst aber war der Güte und Liebe seines Herrn nicht werth, weil er dem guten Treu bey jeder Gelegenheit die größte Feindschaft erwieß, und ihm die unbilligsten Vorwürfe machte, weil er nicht so künstlich war als er. Treu ertrug die Beleidigungen seines Feindes mit Geduld, und erwiederte seine Vorwürfe mit der ernsten Erinnerung, daß er zwar keine der Künste, die ihm der Herr mit vielen Prügeln gelehrt, verstehe, aber doch durch seine natürliche Eigenschaft, der Herrschaft so viel Nutzen brächte, als er ihr durch seine Kunst Vergnügen machte.

Meinen

Meinen jugendlichen Lesern trau ich es gewiß zu, daß sie vermögend seyn werden, sich selbst eine Lehre aus dieser Fabel zu ziehen. —

Selig sind die reines Herzens sind.
Lehrer und Schüler.

Der Schüler. Sie erlauben mir also, bester Lehrer, daß ich, wenn ich in den Schulstunden fleißig gewesen bin, mich mit meinen jugendlichen Freunden vergnügen darf? O, wie gut bin ich Ihnen!

Lehrer. Warum sollt ich Ihnen, liebstes Kind, diese Freude nicht erlauben, wenn sie dieselbe in dem Umgange gutgesinnter Kinder geniessen.

Schüler. Woran kann ichs wissen, was eigentlich gutgesinnte Kinder sind?

Lehrer. Wenn sie sehen, daß Kinder die Zeit, die ihnen zur Arbeit bestimmt ist, mit unermüdetem Fleiß nützen, den Befehlen ihrer Eltern und Lehrern gehorsam sind, und an den Freuden und Ergötzungen, ohne daß sie ihre Unschuld verletzen, Theil nehmen.

Schüler. O, wenn ich doch selbst ein so gutgesinntes Kind wäre!

Lehrer

Lehrer. Warum sollten sies nicht werden können, wenn sies wünschen und mit Eifer darnach streben.

Schüler. Lehren sies mich, wie ich zu dieser Gesinnung gelangen möge.

Lehrer. Vor allen bitten sie Gott um ein reines Herz, und bewahren sie dies unbefleckt vor seiner heiligen Allgegenwart; so werden sie fähig seyn, jede ihrer Pflicht nach seinem Willen und nach dem Befehl ihrer Eltern und Lehrern zu erfüllen, und sie werden dann auch in den frölichen Stunden mit ihren Gespielen die Freude des Lebens geniessen können, ohne Nachreue befürchten zu dürfen.

Wer ist rein vor Gott?

Wer unter euch ohne Sünde ist, der werfe den ersten Stein auf sie.

Jesus.

Wer, meine Geliebtesten, weiß es nicht aus Erfahrung, daß die mehresten Menschen die Fehler an andern leichter gewahr werden, als die, welche sie selbst begehen. Viel sträflicher aber sind diejenigen, die sich über ihre fehlende

Brüder

Brüder gleich mit ihren schwarzen Urtheils=
sprüchen her machen. Wehe den Sündern,
wäre das Schwerdt der Gerechtigkeit in den
Händen solcher lieblosen und harten Seelen!
Der im Himmel wohnt, trägt das Schwerdt
der Gerechtigkeit mit Langmuth und väterli=
chem Verschonen in der Hand, und er wartet
lange, ehe er es zur Strafe wetzt. Und seine
Menschen, (Schande für ihr Herz!) die we=
gen ihrer sträflichen Thaten vor ihrem Richter
zittern müssen, erfrechen sich in seiner Gegen=
wart, ihre, wenig Schuldigere zu verdammen!

Sie werden, meine jugendlichen Freunde,
künftig vielleicht oft die strafende Stimme
über die Sünder, von ihren Mitmenschen hö=
ren. Lassen Sie sich nicht verführen durch diese
böse Beyspiele. Gedenken Sie an den Spruch
unsers Erlösers: Wer unter euch ohne u. s. w.

Ein nachahmungswürdiges Beyspiel.

Dem Christlieb machte Paul oft kränkenden
Verdruß,
Geschimpft hat er ihn und gescholten;
Jetzt ward die Bosheit ihm vergolten:
Gottliebchen gab ihm segnend einen Kuß.

Aus den Papieren meines Freundes.

Schöpfendahl, den 23sten Septemb.

Die Einfalt und Unwissenheit herrscht hier leider überall, deswegen wird hier manche dumme und unüberlegte That verübt. Man spricht, daß dieses allgemeine Uebel blos daher komme, daß man in der Jugend nicht lernen und sich um Wissenschaften bemühen möge, sondern sein Vergnügen nur blos darin suchte, seine Tage in Unthätigkeit und Faulheit zu verleben, bis man endlich zu dem Ziele gekommen, wo es uns nicht leicht möglich ist, sich in den nöthigen Wissenschaften zu üben.

Räthsel.

Ich bin ein Bild der Ewigkeit, habe weder Anfang noch Ende; Ich trage fast beständig schwarze Kleider, und werde doch mehr in frölichen als traurigen Begebenheiten gebraucht. Mein Name wird oft mit Entzücken und Verwunderung ausgesprochen.

Auflösung des Räthsels im vorigen Stück: Die Luft.

Leseblatt für die Jugend.

Vierzigstes Stück.

Hamburg, 1786 den 4ten October.

Lied an die Treue.

Deutsche Treue,
Biedrer Menschen Ruhm,
Komm und weihe
Mich zum Eigenthum.

Aus dem Munde
Sprich mir nicht allein;
In des Herzensgrunde
Senke tief dich ein.

Deine Schöne
Rühmt man überall;
Manchen Erdensöhnen
Bist du leerer Schall.

Sey mir nimmer,
Göttin, leerer Ton,

D o Mach

Mach mich immer
Dir zum Busensohn.
 Falsche Seelen,
Die dir, Göttin, fliehn,
Und mich quälen,
Scheuch mir ewig hin!
 In dem Kreise
Meiner Freunde sey
Wirksam; schwebe
Um uns deutsche Treu.

Nero.

So ungerne, meine Liebsten, ich Ihnen den Charakter böser Menschen schildern mag, so muß ichs doch dies mal thun, um das Verlangen einiger meiner Leser zu befriedigen, die gerne eine kurze Beschreibung von dem römischen Kayser Nero, lesen möchten. Dieser Schandfleck der Menschheit, lebte im ersten Säculo nach Christi Geburt. Er genoß in seiner Jugend die beste Erziehung von dem weisen Lehrer Seneca. Das Andenken der weisen Lehren, die er aus dem Munde dieses wackern Mannes gehört hatte, hatte so viel Eindruck auf ihn, daß er in den ersten 5 Jahren seiner Regierung die Krone mit Ehren trug, die ihm seine Mutter Agrippina, mit List und Gewalt verschaft hatte Nach der Zeit aber, vergaß er alle guten Lehren des Seneca, ward der abscheulichste Tyran, der je auf dem Erdboden gelebt. Er ließ seinen Bruder Britannicus mit Gift hinrichten. Seine Mutter beschimpfte er, und ließ sie endlich tödten. Auch Seneca, der so treflich über die Sittenlehre geschrieben hat, empfieng von ihm den Befehl, seine Todesart selbst zu wählen. Ueberdem ließ er eine Menge Menschen zu Rom durch die grausamste Marter hinrichten. Dies war die erste Verfolgung der Christen, deren wir überhaupt zehn zählen. In derselben büßten auch die Apostel, Petrus und Paulus, ihr Leben ein. Ueberhaupt war sein Leben mit vielen schwarzen Handlungen befleckt. Er ließ Rom anzünden, und stieg dann auf einen hohen Thurm, und sah herab, um sich eine Vorstellung von dem brennenden Troja machen zu können. Seine abscheuliche Lebensart, und seine Grausamkeit, zog ihm einen allgemeinen Haß zu Piso stiftete daher eine Verschwörung wider ihn; sie wurde aber entdeckt, und er ward mit seinen Mitschuldigen hingerichtet. Bald darauf empörten sich

die

die Juden wider ihn, nachdem sie von den römischen Statthaltern lange Bedrückungen erlitten hatten. Sie vertrieben die Römer aus ihrem Vaterlande, und suchten sich in Freyheit zu setzen. Der Kayser schickte daher den Vespasianus wider sie, welcher mit einem Heer in Palästina eindrang. Aber auch Gallien und Spanien empörten sich wider ihn, und der römische Senat verdammte ihn als einen Feind des Vaterlandes, zum Tode. Nun machte er verschiedene sonderbare Anschläge: bald wollte er durch Thränen seine Feinde zum Mitleid bewegen, bald wollte er den Rath ermorden, und Rom noch einmal anzünden. Dann wollte er sich als Künstler ernähren, u. s. w. Endlich wurde ihm auch seine Leibwache ungetreu. Da floh er auf sein Landgut, und als er hörte, daß seine Feinde ihn zu tödten beschlossen hatten, nahm er sich im 31sten Jahr seines Alters, und im 14ten Jahr seiner Regierung, das Leben.

Eine gute Sache leidet keinen Aufschub.
Der Sohn einer armen, und dem Tode nahen, Wittwe, kam hastig zu einem reichen Mann, der schon ein paar mal zum Wohlthun

seine

seine Hand für diese Frau geöffnet, und bat um den letzten Beystand für seine sterbende Mutter. Ich will selbst sprach der Mann, zu deiner Mutter kommen; nur jetzt hab ich noch nicht Zeit; eile du nur zu ihr, ich komme dir nach. Der Knabe gieng, kam zu seiner Mutter, und nach einer Stunde gab sie ihren Geist in seinem Arm geschloßen auf, und noch war der Wohlthäter nicht da. Er kam, und muste das süße Vergnügen einer Sterbenden den letzten Labetrunk geben zu können, entbehren.

Möchten doch gute Thaten auszuüben, meine Liebsten, nie von Ihnen, auf die Zukunft verschoben werden.

Die jungen Tauben und ihre Mutter.
Eine Fabel.

Ha, nun können wir schon so gut fliegen als die Mutter, sprachen junge Tauben unter einander, als sie einige mal mit der Alten, Gebrauch von ihren jugendlichen Flügeln gemacht. Lustig! lustig zum Waizen, der dort in großer Menge auf dem Felde liegt; wer wirds uns hindern, unsere Kröpfe nach herzlichen Verlangen zu füllen? Wer es euch hindern

dern wird, rief die Mutter, die dies Freuden-
geschrey hörete? O, der Verhinderer giebts
viel. Behutsamkeit, meine Kinder, ist nöthig.
Die Menschen haben gefährliche Instrumente,
durch welche sie unsern Flug und unsere Freß-
serey, bald wehren können: Und der Raub-
vogel, ist uns oft näher, als wirs meinen, um
uns diese Freude zu hindern und uns das Leben
zu nehmen. Ich bitte deswegen behutsam und
vorsichtig zu seyn. Was Behutsamkeit, was
Vorsicht, dachten einige unter ihnen, sie flogen
nach Wohlgefallen zum Waitzen, ohne Gefahr
zu befürchten, und es daurte nicht lange, so
lagen einige todt geschossen da, und andere
wurden die Speisen der Raubvögel.

Folget ihr gehorsamer, meine geliebtesten
Freunde, dem Rath Eurer Eltern, damit Ihr
Euch den Gefahren, die Euch allenthalben
drohen, nicht aussetzet.

Böses Beyspiel.

Wie mancher hat dem Bruder weh gethan!
Die Sünde hab ich nie begangen,
Sprach Carl; bald sah man ihn der Schwester
nahn,
Und knif ihr boshaft in die Wangen.

Die

Die 7te Fortsetzung der allgemeinen Weltgeschichte.

Zu Ahabs Zeiten legte Dido den Grund zu der Stadt Carthago; und bald darauf wurde auch die griechische Republik merkwürdig. Die Gesetze des Lycurg setzten die Spataner in den blühensten Zustand. Einige Zeit vor ihm machten sich die griechischen Dichter, Homerus und Hesiodus, durch ihre Schriften bekannt. In Juda regierte jetzt Joas, so lange Jojada lebte, sein Volk mit Weisheit, nach dem Tode regierten andere sündige Könige, die uns die h. Schrift bekant macht. Nach dem Ableben Jojada, ward auch dieser König böse; er beging die Grausamkeit an dem Hohenpriester Zacharias, dem Sohn seines Wohlthäters, daß er ihn steinigen ließ. Er mußte aber auch diesen Frevel mit dem Leben, das ihm seine Knechte nahmen, büßen. Jetzt erhub sich das Königreich Israel wieder, unter der Regierung des frommen Königes Jerobam. Die Regierung des Königes Asaria in Juda, war nicht die rühmlichste. Im 34sten Jahre seiner Regierung, fängt die berühmte Zeitrechnung der Olympiade an. Nach der Meinung des Varro, endigte sich hier
die

die fabelhafte Zeit, die ihren Namen von den Fabeln, welche die Dichter unter die wirklichen Begebenheiten, die sie erzählen, so sehr eingemischt haben, daß es wohl nicht möglich ist, die Wahrheit vom Irrthum zu unterscheiden: Der eben genannte Varrus, theilte die ganze Folge der Zeiten in drey Perioden ein. Die erste erstreckte sich von der Schöpfung bis zur Sündfluth. Diese nennet er die unbekannten Zeiten. Die zweite von der Sündfluth bis zur ersten Olympiade, dies ist die fabelhafte Zeit. Die dritte von dieser Zeit bis dahin, als der Verfasser schrieb, und wir können sie bis zur gegenwärtigen Zeit verlängern. Diese nennet er die historische Zeit. (Die Fortsetzung künftig.)

Räthsel.

Ich erniedrige die Menschen, und mache sie verachtungswürdig und arm, und wenn sie mich nicht hätten, so wären sie die traurigsten unter allen Geschöpfen.

Auflösung des Räthsels im vorigen Stück: Der Buchstab O.

Leseblatt für die Jugend.

Ein und Vierzigstes Stück.

Hamburg, 1786 den 11ten October.

Das geitzige Kätzchen.
Eine Fabel.

Eine kleine Katze bekam von ihrer Mutter, die sich meisterhaft auf die Mauserey verstand, manche schöne Maus. Sie nahm sie alle mit heisser Begierde hin, ohne auch nur eine einzige davon zu verzehren, und hoffte nur immer auf mehrere, und nimmer hieß es bey ihr: Es ist genug! Eine ihrer Geschwister, der die Mutter von ihrem Raube nicht so milde zufliessen ließ, schielte mit räuberischen Blikken beständig auf den Theil ihrer Schwester, den sie so ungenützt liegen ließ, bis es ihr endlich glückte, ihn mit ihren Tatzen zu erhaschen, und in Ruhe verzehren zu können.

P p   Als

Als unser Mäuschen nun nicht so reichlich von ihrer Mutter empfing, wollte sie sich an ihrem aufbewahrten Vorrath machen, und siehe, er war nicht mehr vorhanden, sondern von ihrer hungerigen Schwester verzehrt. Lernet, meine Liebsten, aus dieser Fabel, daß der durch Geiz ersparte Theil, seinem Eigenthümer nie zu Nutzen kommt, sondern entweder ein Raub des Moders oder begieriger Anverwandten wird, die ihn verschwendrisch nützen.

Das Glück der Freundschaft.

Nach der Melodie: Ach Schwester, die ꝛc.

Ich walle Bruderliebe
An deiner sanften Hand,
Du flößtest reine Liebe
In mich zum Freundschaftsband.
Heil mir in diesem Bunde!
Der uns zur Lust gemacht;
Einsame, öde Stunde
Du, habe gute Nacht!
   Mit freudig frohen Blicken
Reiß ich von dir mich los,
Und eile mit Entzücken

In meiner Freunde Schooß.
Eil mir auf Blumenwegen
Du, der es redlich meint,
Mit Herz und Hand entgegen,
O ächter Biederfreund.

Du, der mit reiner Seele
Sich mir zum Freunde giebt;
Eröffne mir die Quelle,
Die nie die Zwietracht trübt.
Die Quelle sey uns nimmer,
An reiner Freude leer;
Und Liebe schwebe immer,
Um unsern Kreise her.

Die schönste Lust gebieret
Der Freundschaft Heiligthum;
Sie, die die Schläfe zieret
Mit Rosen um und um:
Sie tilgt in unserm Herzen
Den Kummer, der uns härmt,
Und scheucht das Heer der Schmerzen,
Das unser Haupt umschwärmt.

Laßt uns das Glück geniessen,
Das uns die Freundschaft giebt;
Mit brüderlichen Küssen,
Seyd Aedle mir gegrüßt.

Ihr Aedlen, deſſen Seele
Für mich geſchaffen iſt,
Schöpft mit mir aus der Quelle,
Die aus der Freundſchaft fließt.

Vater Guthard

mit ſeinen Kindern unter einem Kirſchbaum.

Vater. Seht, liebſte Kinder, iſt dies nicht ein allerliebſter Baum? Man ſieht faſt mehr Kirſchen als Blätter darauf.

Alle. Ja, ein allerliebſter Baum!

Peterchen. Lieber Papa, ſchenken ſie uns ein Paar von den ſchönen Kirſchen.

Carolinchen. Ja, bitte! bitte!

Vater. Den ganzen Baum will ich euch ſchenken!

Hannchen. O Papa, das iſt zu viel.

Vater. Nicht zu viel, meine Liebſten. Ihr ſeyd ſechs an der Zahl. Wenn die Menge in ſechs gerade Theile geht, ſo wird ein jeder bald mit ſeinem Theil fertig werden.

Heinrich. Ha! ich freue mich ſchon zu meinem Antheil, und werde ihn mir gut ſchmecken laſſen.

Louiſe.

Louise. Auch mir soll er gut schmecken. Wenn ich nur bald einige hätte.

Jean. Geschwinde, Väterchen! laß uns den Baum umhauen, daß wir pflücken, theilen und essen können.

Hannchen. Pfuy Bruder! den guten Baum sollten wir abhauen, der uns so schöne und wohlschmeckende Früchte giebt? Könnten wir so undankbar seyn?

Der Vater. (Hannchen küssend.) Das wäre freylich unverzeihlicher Undank, liebes Hannchen, wenn wir den Baum vernichten wollten. (zu Jean) Und warum möchtest dus gern mein Sohn.

Jean. Denn könnten wir auf einmal unsern ganzen Theil dahin nehmen.

Vater. Deine sträfliche Begierde, macht dich unwürdig einen Theil von der schönen Frucht zu genießen. Wenn du doch nicht viele Brüder unter den Menschen hättest! Wie mancher giebt sich alle Mühe, den von seinen Eltern geerbten Theil so geschwinde als möglich durch zu bringen, um frühzeitig zu darben. Haltet ihr nicht so thörigt mit dem Geschenk, mit dem ich euch heute erfreue, Hans. Der Gärtner soll euch heut, morgen und übermor-

gen,

gen, und so lange als Kirschen auf dem Baum sind, eine Menge pflücken, und die sollt ihr friedlich mit einander theilen.

Heinrich } Schön! schön!
Louise.

Vater. Nun habt ihr, liebe Kinder, auf einigen Tagen etwas für euren Geschmack, ohne daß der Baum Schaden leidet. Wer die irdischen Gaben aus der Hand des Schöpfers, mäßig genießt, der darf sich der Güte desselben immer erfreuen, und nie zweifeln, daß es ihm an einem Guten mangeln wird. Der Unmäßige wird in der Zukunft darben müssen.

Aus den Papieren meines Freundes.

Schwelgerdorf, den 4 Octob.

Gestern, als der Geburtstag unsers gnädigen Fürsten gefeyert ward, herrschte eine allgemeine Freude unter unsern Landleuten. Sowohl Alte als Junge, ließens sich bey ihren Schmausereyen wohl schmecken: Und das wars auch alles, was sie zur Ehre ihres Landesherrn thaten. An den Dank, womit sie dem Himmel für sein Wohl verbunden waren,

und

und an das herzliche Gebet für seine künftige Glückseligkeit, wurde wenig gedacht. Was ist denn einem Fürsten daran gelegen, wenn sich seine Unterthanen an seinem Geburtstage, der Völlerey und den Ausschweifungen ergeben? Diese Freudenbezeugung nahm endlich ein klägliches Ende. Man hatte sich mit dem starken Getränke sehr berauscht, und dadurch unter die unvernünftigen Thiere herabgewürdiget; blutige Köpfe geschlagen, und viel Unheil angerichtet. Elende Feyer!

Glützenstädte, den 5ten Octob.
Heute starb hier der einzige Sohn unsers Amtmanns. Seine Eltern sind über diesen Verlust untröstbar, weil dies Söhnchen ihre einzigste Freude auf der Welt und der Götzen ihres Hauses war. So schmerzhaft den Eltern der Tod ihres Lieblings ist, so sehr freuen sich die Armen über diesen Tod. Jetzt glauben sie, wird der Amtmann milder die Hand für ihre Nothdurft eröffnen. Als der Sohn lebte, wurde nur alles für ihn gesammlet, und für die Nothleidenden, für Wittwen und Waisen war nichts übrig.

Fron-

Fromme Neubegierde.

Ich sah mit freudigem Entzücken,
So manche Pracht in dieser niedern Welt:
Ich bin begierig, wie das Schöne mir gefällt,
Das einst mein Geist im Himmel wird er-
bliken.

Grabschrift eines frommen Knaben.

Hier Leser, liegt der kleine Ernst begraben,
Er war die Krone wohlerzogner Knaben,
Warum must er so bald erblassen?
O, hät' er viele Brüder hinterlassen!

Räthsel.

Ich kenne drey Schwestern, wovon die älteste einen Vater und eine Mutter hat, und doch weder gezeugt noch gebohren ist. Die jüngsten haben verschiedene Väter aber keine Mutter, und sind auch weder gezeugt noch gebohren.

Auflösung des Räthsels im vorigen Stück:
Die Unwissenheit.

Leseblatt für die Jugend.

Zwey und vierzigstes Stück.

Hamburg, 1786 den 18ten Octob.

Die kleine Ente und ihre Mutter.
Eine Fabel.

Wir sind doch, liebes Mütterchen, sprach eine kleine Ente zur Alten, weit glücklicher, und den Menschen werther als die Schwäne und anderes Federvieh, die ihnen nicht zur Speise dienen können. Was für ein herrlicher Leckerbissen sind wir für sie, nachdem man uns getödtet und gebraten hat. Das sind wir, erwiederte Mutter Ente. Sind wir aber deswegen glücklicher, daß wir unser Grab in dem Magen der Menschen finden als jene, die in der Luft verwesen: Und was kümmerts uns, was man nach dem Tode mit uns macht?

Was

Was nützet es meine Liebsten, unserm verweeßlichen Theil, ob man ihm ein prächtiges Grabmaal bauet, oder ob er in dem Sande seine Verwesung findet.

Fritz an Heinrich.

Wie viele Briefe mein Liebster, müst ich noch an Sie schreiben, wenn ich Ihnen mit allen heidnischen Gottheiten bekannt machen wollte. Ich will mich deswegen kurz fassen, und Ihnen nur noch mit wenigen Worten von folgenden Gottheiten etwas erzählen. Z. B. von Vulcan, Venus, Mercur, Bellona, Mars, Fortuna, Hercules, Grazien, Aesculap, Castor, Pollux, von den Musen, Parcen u. s. w. Der Vulcan oder Schmiedegott, wird abgebildet als ein sitzender alter Schmidt, der einen Hammer in der rechten Hand, und in der Linken eine Zange hält. Er sitzt an einem Anibos, ist am Oberleibe entblößt, und man giebt ihm auch wohl eine gespitzte Mütze auf den Kopf. Seine Gemahlin ist die Venus, oder die Göttin der Liebe. Man bildet sie ab als eine schöne junge Frauensperson, in leichter Kleidung. Wenn sie fährt, so ziehen Tauben

oder

oder Schwäne ihren Wagen. Gewöhnlich
hält sie in der Hand ein Herz, brennende Fackel, oder einen Apfel. Sie hat auch wohl
eine Schildkröte unter dem einen Fuß. Diese
Göttin wird auch wohl ganz entblößt abgebildet. Ihr Sohn heist Cupido. Ein kleiner
nackender Knabe, mit zwey Flügeln, zwischen
diesen Flügeln trägt er einen Köcher mit Pfei-
len, in der Hand hält er einen Bogen und zuweilen auch wohl eine brennende Fackel. Ihr
Gefolge sind die drey Grazien. Sie heißen:
Aglaja, Thalia und Euphrosyne. Man bildet sie als nackende, schöne und wohlgewach-
sene, lächelnde Jungfern ab, die einander an
den Händen anfassen, und singend tanzen. Künftig die Fortsetzung. Leben Sie wohl. u. s. w.

Ein jeder Mensch hat seine Puppe.
Ein Lied.

Nach der Mel. Ich esse Brod und trinke Wasser.

Mich rühren nie der Erdengüter,
Ich werde nie des Goldes Hüter,
Das nur der Thor bewacht.
Ich hasse Toben, Scherz und Lärmen,
Und tollen Sang und Spiel und Schwärmen,
Bis in die Mitternacht.

Ich

Ich hüpfe nie zu eiteln Tänzen,
Ich laß mir nie die Schläfe kränzen,
Von einer stolzen Hand.
Dem Hochmuth bau ich nie Altäre,
Ich trachte nie nach hoher Ehre,
Und nicht nach goldnem Stand.

Ich haß ein eitles Wonneleben.
Ich trinke nie vom Saft der Reben,
Nicht Chockolad, nicht Thee.
Von übermäßgen Leckerbissen,
Laß ich nie meinen Magen büßen —
Ich trinke gern Caffee.

Epictetus.

Lesen Sie hier, meine jugendlichen Freunde, die Geschichte eines Mannes, der im geringen und niedrigen Stande zu Hieropolis in Carien gebohren, und nachher wegen seiner Weisheit und seines Tugendwandels ein Wunder seiner Zeitgenossen ward. Anfänglich diente er einem Freygelassenen des Kaysers Nero zu Rom. Sein Herr behandelte ihn sehr hart und grausam, und er ertrug alle diese Mißhandlungen mit Gelassenheit und Geduld, bis er endlich die Freyheit erlangte. Nun legte er sich mit allem Fleiß

Fleiß auf die Philosophie, und brachte es darin so weit, daß er einer der liebenswürdigsten Weisen ward. Und was ihn besonders liebenswürdig machte, war dies, daß er seine Lehren mit seinem Tugendwandel zierte. Bey allem dem lebte er in einer freywilligen Armuth, weil er die Glückseligkeit des Lebens nicht in Reichthümern und irdischen vergänglichen Gütern des Lebens suchte. Er hatte weder Weib noch Kinder, weder Haus noch Güter. Die Erde diente ihm zum Bette, und ein Mantel war seine Decke. Die ganze Weisheit seines Lebens bestanden für ihn in diesen beyden Regeln: Dulde und meide. Man erlaube mir, daß ich einige von seinen moralischen Lehren hierher setzen darf: Das Leben ist wie eine Schiffahrt, man geht wohl einmal weg vom Schiff u. holt eine kleine Schnecke, aber das Schiff darf man nie verlassen, weil der Steuermann immer rufen kann, und wenn man alt ist, muß man sich ja nicht mehr weit vom Schiff verlaufen.

Das Leben ist wie ein Gastmahl, wo die Speisen herum geboten werden. Kommt etwas zu dir, nimm davon; gehts vorbey, hasche nicht darnach; kommts lange nicht, so gräme dich nicht darüber, es wird schon noch kommen.

Die Unruhe der Seele entstehet nicht aus den Sachen in der Welt selber, sondern aus der Einbildung, die wir davon haben.

Denke immer an den Tod und an das menschliche Elend, dann wirst du nie widrige Wünsche und heftige Leidenschaften haben.

Unsre grösste Sorge muß auf die Seele gerichtet seyn.

Vergleiche bey jeder Reitzung die Zeit des Genusses mit der Zeit der nachfolgenden Reue.

Sind das nicht vortresliche Lehren meine Freunde? und diese und noch eine Menge derselben strömten aus der Seele und aus dem Munde eines Menschen, der von einer so niedrigen Herkunft war, und noch dazu in einer Stadt lebte, worin schlechte Regenten am Ruder saßen.

Laster.

O fliehe vor dem Pfade,
Und wach und rufe Gott um Gnade,
Um Weisheit in Versuchung an.

Gellert.

Wie sehr, meine jugendlichen Brüder, sind Sie mir zu beklagen, wenn ich bedenke, wie viele Versuchungs=Schlingen Ihnen schon in Ihrer Jugend von den Feinden Ihrer Glück-
selig=

seligkeit gelegt werden. Zur Rechten und zur
Linken, hören Sie die Stimme der Verfüh:
rung, sehen Sie böse Buben, die Ihnen den
Weg der Tugend verzäunen wollen. Möchten
Sie der verführerischen Lockstimme nie Ihre
Ohren eröffnen; möchten Sie die Augen mit
Sorgfalt von dem Beyspiele unerzogener und
böser Brüder abwenden! Aber ich weiß es, wie
schwer es ist, wenn wir uns selbst überlassen
sind, den Versuchungen zu widerstehen. Schon
als Knabe könnt ich aus Erfahrung reden.
Gott! wie vielerley sind solche Versuchungen!
Wie manche Hindernisse fand ich auf meinem
Pilgerpfad, bis hier, da ich schon dem Ziel mei:
ner Laufbahn vielleicht nahe bin, die mir meine
Krone rauben wollten. Dem Beystand Got:
tes und seiner Gnade dank ichs, daß ich nicht in
den Versuchungen versank. Diesem Beystand
und dieser Gnade, empfehl ich Sie, meine Ge:
liebtesten, und mich bis am Ziel unsers Lebens.
O, rufen Sie mit mir Gott um Gnade, um
Weisheit in Versuchung an.

Aus den Papieren meines Freundes.
Affenburg, den 8ten Octob.

Unsere jungen Mitbürger, beyderley Ge:
schlechts, sind jetzt sehr angesteckt von den neuen
Moden,

Moden, die durch fremde Nationen in unsre Stadt gebracht werden. Sie verunstalten ihre Köpfe mit Hüte, mit deren Gestalt man vor diesen Kinder hätte zu Bette jagen können. Die Schnallen, die sie jetzt tragen, sind so groß, daß sie beynahe den ganzen Fuß bedecken, und an ihrer Kleidertracht, erkennt man sie lange nicht mehr für hiesige Einwohner. Elende Nachahmung!

Musenstädte.

Die mehresten unserer jugendlichen Schönen wenden den grösten Theil ihrer Tage zum Bücherlesen, Briefe schreiben und Verse machen an. Viele Mütter bezeigen darüber mehr als zu deutlich ihre Unzufriedenheit. Was werden, sprechen sie, das für Hausfrauen werden. — Wie sehr sind die Männer zu beklagen, die sich aus dieser Musenschaar Weiber wählen. Wahr genug!

Räthsel.

Man nennt mich Die, und ich bin doch auch zweymal ein zwiefaches Das. Der eine Theil von mir ist über zweymal so alt wie der andere; und dieser ist so viel hundert Jahr alt, und wird doch von Alten und von Jungen neu genannt.

Auflösung des Räthsels im vorigen Stück:
   Die katholische, lutherische und reformirte Religion.

Leseblatt
für die
Jugend.

Drey und Vierzigstes Stück.

Hamburg, 1786 den 25sten October.

Seneca.

Auch von diesem liebenswürdigen Weisen, meine Geliebtesten, mach ich Ihnen in meinen Blättern, eine kurze Beschreibung. Er erblickte diese Welt zu Cordova in Spanien, kurz vor dem Tode des Kaysers Augustus. Schon in seiner frühen Jugend kam er nach Rom. Er studierte die Rechte u. die Philosophie. Und lehrte darnach öffentlich bis zur Regierung des Tyrannen Caligula. Dieser glaubte der größte Redner in der Welt zu seyn. Seneca schwieg, um ihn nicht zur Eifersucht zu reitzen. Seine weisen Lehren, sind wohl wehrt, daß sie unaufhörlich für die Nachwelt aufbehalten werden. Mit einigen seiner Sätzen, muß ich

R r Ihnen

Ihnen doch bekannt machen: Unser Leben ist lang genug, große und wichtige Thaten zu vollbringen, wenn wir es nur dazu anwenden wollten. Wir haben nicht ein kurzes Leben zum Aufenthalt in dieser Welt empfangen, sondern wir verkürzen es selbst. — Es ist nicht wenig Zeit die wir haben, sondern viele Zeit, die wir verderben. — Ein tapferer Mann, der mit dem Unglücke kämpft, und unter den wiederholten Anfällen desselben doch immer aufrecht stehn bleibt, ist das schönste und würdigste, worauf Gott in dieser Welt schauen kann. In seiner Schrift vom Zorn spricht er: Warum zürnest du über deinen Knecht, deinen Herrn, oder Fürsten? Sey nur einen Augenblick ruhig, so kommt schon der Tod, der uns alle gleich macht. In seiner Schrift von der göttlichen Vorsehung spricht er also von den Freunden Gottes, denen es in der Welt traurig geht: Sie leiden kein wirkliches Uebel, es sind nur Züchtigungen eines gütigen Vaters, und sie werden durch diese unangenehmen Begegnisse in der Tugend gestärkt und geübt.

Aus diesen Worten, Geliebteste, werden Sie schon erkennen, was Seneca für ein Mann war.

war. Und was war der Lohn für alle seine weisen Lehren? Der Tod! den er von der Grausamkeit des abscheulichen Nero's erdulden muste. Dieser Unmensch hatte in seiner Jugend das Glück, der Schüler dieses weisen Mannes zu seyn. Der Nutzen, den er aus den Lehren Senecas schöpfte, machte ihn in den ersten Jahren seiner Regierung zum weisen und liebreichen Fürsten. So bald er aber den Weg der Tugend, den ihm sein Lehrer gewiesen, verließ, ward er ein ausschweifender Mensch, und fiel von einem Laster ins andere, und erfrechte sich die schändlichsten Thaten auszuüben. Dies kränkte die Seele des Weisen so sehr, daß er sich von dem Hofe des Kaisers entfernte, und seine Tage in einem eigenen Hause mit seiner Gemahlinn eingezogen verlebte; bis ihm endlich der Tyran, weil er ihm Schuld gab, daß er mit seinen Feinden im Bündniß stehe, befahl, die Art seines Todes zu wählen. Seneca thats mit der größten Standhaftigkeit eines Weisen; Er ließ sich in ein warmes Bad setzen, nachdem man ihm die Ader an den Arm geöffnet, der Dampf der Badstube erstickte ihn, und seine Seele gieng in die Wohnungen des Friedens.

Ist es der Mühe werth?

Philippine war zu einem Ball gebeten. Schon acht Tage vor diesem feyerlichen Tag, fieng sie mit der Vorbereitung auf denselben an. Lange dachte sie darüber nach, wie sie sich schmücken wollte, um in der glänzenden Gesellschaft, vor allen geschmückten Puppen, die Stelle einer besondern Person zu spielen. Dem künstlichsten Friseur gab man Befehl, an dem Tage ihr natürliches Haar durch die Kunst zu verderben. Die vornehmste Putzmacherin wurde sie zu schmücken, bestellt. Man brachte verschiedene Stoffe zum Kleide, und da muste Mama und die Tanten rathen, welches der schönste und anständigste für sie wäre; und sie selbst wählte lange, ehe ein Stück zum Kleide für sie darunter, u für ihren Geschmack gut genug war. Schneider und Schuster weteiferten, den Körper und die kleinen Füße unserer Schönen, mit Anstand zu schmücken: Und kaum waren acht Tage genug zur Vorbereitung mit dem Schmuck zu diesem feyerlichen Tage. Er erschien, zur Freude unserer Philippine. Ein geputzter Jüngling holte sie mit seinem Wagen ab. Und Philippine schmeckte
ein

ein paar Stunden des Lebens Freude. War
dies nicht der Mühe werth?

Der große Vergeltungstag.

Großer Tag!
Mit fürchterlichen und wonniglichen Farben,
Mahlt dich mir die Phantasie.
Tag, an welchem der Heilige
Und unpartheysche Weltrichter
Mit mächtiger Stimme,
Unter dem Klang der Posaunen,
Die, seit Jahrtausenden Entschlafenden,
Aus den Gräbern hervor rufen,
Und sie mit den lebenden Erdbewohnern,
Zur Vergeltung rufen wird.
Ich höre sie, die mächtige Stimme,
Seh die Erwachten, Groß und Kleine,
Ihr Haupt empor heben;
Seh sie mit den lebenden Nationen
Des Erdenkreises daher wandeln.
Hier stehen die zur ewigen Wonne Erschaffnen
Zur Rechten des Weltrichters:
Und zu seiner Linken die Verworfnen.
Von banger Furcht betäubt,
Erfüllt mit schrecklichem Erwarten

Des

Des strengen Ausspruchs des Richters,
Stehen sie da!
Schaudernd, blickt auf sie meine Seele,
Die hier in dem Pilgerleben
Ihre schmachtenden Brüder von sich gewiesen,
Und sie in ihren Kummer dahin sinken ließen,
Ein unbarmherziges Gericht trift sie:
Zitternd blickt hinauf zu Jesus Christus,
Die Menge, die ihn hier lästerte,
Und sich durch Unglauben und böse Thaten,
Die Kraft seines versöhnenden Blutes
Unwürdig machten.
Zu spät beklagen sies; daß sie hier
Ihre Augen mit vorsätzlicher Verblendung,
Vor dem Glanz seiner Gottheit verhüllet.
Zu spät beklagen die, die sich hier
Durch Heucheley mit ihrem Herr, Herr,
      sagen, geteuscht;
Ich hab euch noch nie erkannt!
Erschallt aus dem Munde des Richters,
Weicht von mir, ihr Uebelthäter!
Verzweifelndes Wehklagen,
Dringt in die Ohren der Eltern,
Des Volks und der Jugendlehrer,
Aus dem Munde der Verwahrlosten;
Ihre sträfliche Nachsicht,

        Ihre

Ihre schwarzen Beyspiele,
Stürzte diese Elende mit ihnen
In den Abgrund des Verderbens.
(Künftig die Fortsetzung.)

Wilhelm unter dem Pflaumbaum.

Ha, welch ein schöner Baum ist dies! Und der ist mir von meinem gütigen Vater geschenkt; alle Pflaumen auf demselben sind mein Eigenthum. Nach eigenem Gefallen, spricht mein Vater, darf ich pflücken und essen, aber ja nicht auf einmal zu viel, sonst möcht ich krank werden. Auch meinen Gespielen darf ich davon mittheilen. So sprach Wilhelm bey sich selbst, dankte dem Vater im Herzen für dies ihm so werthes Geschenk, und ergötzte sich lange daran. Es gieng unserm Wilhelm wies denen jungen Herrn geht, die jetzt anfangen über das Erbtheil von ihren Eltern zu herrschen, und es sich sauer werden lassen durch Verschwendung unter Leute zu bringen. Er rief die Menge seiner Spielkameraden zusammen; und da machte sich alles, was Hände und Füße hatte über den Baum her, und es dauerte keine Stunde, so waren alle Pflaumen herunter,

man

man aß unmäßig von dieser Frucht, und was man nicht verzehrte, das wurde mit den Füßen zertreten. Und Wilhelm hatte am wenigsten davon bekommen. War er das Geschenk seines Vaters werth? Ich überlasse es meinen jugendlichen Lesern, selbst aus dieser Geschichte nützliche Lehren zu schöpfen.

Der Arbeiter verdient seine Speise.

Er half mir fleißig packen, sprach einst zum
     Arbeitsmann
Ein Autor: Nehm er hin Johann!
Da will ich ihm ein Buch von meinen Schrif-
     ten geben;
Er muß doch auch mit Weib und Kindern leben.

Räthsel.

Wer könnte zu der Bürde, die er trug sagen:
Dir hab ich mein Daseyn zu verdanken.

Auflösung des Räthsels im vorigen Stück:
  Die Bibel.

Leseblatt für die Jugend.

Vier und vierzigstes Stück.

Hamburg, 1786 den 1sten Novemb.

Fortsetzung
des abgebrochenen Gedichts vom großen Vergeltungstag.

Entblößt von Ehre, Pracht und Würden,
Und fern vom Schimmer des Gold's
Stehen sie da, die hier ihr
Ihnen anvertrauten Erdengüter
Im Genusse toller und üppiger Freuden
Verschwendeten. Verzagt schaun sie umher
Und sehen nicht mehr die blendenden Schätze,
Die ihren Seelen Seligkeit war:
Sie haben ihren Theil empfangen.
Die, die hier ihre Seele mit niedriger
Wollust gesättiget, stehen mit Beschämung
Vor

Vor den heiligen Augen dessen,
Der auf dem Stuhl der Majestät sitzet,
Tödtend sind ihnen seine feuerflammenden
Blicke.
Freude durchglühet meine Seele,
Wann ich schaue die Zahl der Seeligen;
Zur Rechten des großen Mittlers stehen sie,
Und heben ihr verklärtes Haupt empor
Zu ihrem Richter, Bruder und Freund,
Der sanftlächelnd auf sie hernieder blickt:
Seyd mir gesegnet, ihr zum Himmel Erkohrne,
Spricht zu ihnen der Göttliche:
Seyd mir gesegnet! In meinen Erdenbrüdern
Habt ihr mich gespeiset, getränkt, bekleidet,
Beherberget, besucht, getröstet und erquickt.
Für euch ist beschieden das Reich meines
Vaters,
Für euch die unaufhörliche Wonne,
Geht ein in dies Reich! —
Euch tränke ewige Wonne! —
Laß mich dich, o heiliger Richter,
O mein göttlicher Mittler, im Geist
Auf dem Thron Deiner Herrlichkeit,
Und um dich her die Menge
Der Seligen und Verworfenen schauen. —

Laß

Laß mich hören die Donnerstimme:
Hebt euch weg von mir, ihr Verworfenen!
Und ihr Seligen, kommt und nehmt Theil
Am ewigen Freudenleben.
Diese liebreiche Stimme
Dringe mich, dich in deinen Erdenbrüdern
Zu lieben, ihnen das zu thun,
Was ich will, das sie mir thun sollen.
Laß mich mit reiner Seele streben,
Dir gefällig bis zu meiner Gruft
Zu wandeln, aus der du mich,
Wann ich Todesschlaf geschlummert,
Unter dem Schall der Posaunen wecken,
Und hin zu deiner Rechten rufen wirst.
Sprich dann zu mir: Komm! —
Ich folge dann deinem Ruf.
Schaue dich in deiner Herrlichkeit,
Und schmecke die Wonne,
Die aus deinen Strömen fließt. Halleluja!

Räthsel.

Was war das für ein Knochen, der in ein
schönes lebendiges Wesen verwandelt wurde?

Auflösung des Räthsels im vorigen Stück:
  Aeneas.

Carl

Carl an Heinrich.

Heute, mein Liebster, sollen Sie auf einmal zwey Kreise von Deutschland kennen lernen. Da geb ich Ihnen eine Beschreibung von Schwaben und Burgund. Schwaben ist 10 bis 20 Meilen lang und 8 bis 14 Meilen breit. Man theilt diesen Kreis 1) In das Herzogthum Würtenberg. 2) Die Graffschaft Baaden. 3) Die fürstl. Hohenzollerischen Lande. 4) Das Fürstenthum Fürstenberg. 5) Die Bisthümer, Constanz und Augsburg. 6) Verschiedene andere geistliche Länder. 7) Verschiedene fürstl. und gräfl. Länder, und 8) in ein u. dreißig freye Reichsstädte. Die merkwürdigsten Städte darin sind: Stutgard, Tübingen, Würtenberg, Durlach, Carlsruhe, Baaden, Hohenzollern, Fürstenberg, Oetingen, Spielberg, Mersburg, Constanz, Dillingen, Augsburg, Ochsenhausen, Lindau, Waldburg u. s. w. Durlach hat einige Manufakturen, Baaden hat Getreide, Hanf, Flachs, Obst, Wein, Holz und Bergwerk. Hohenzollern; Getreide u. Holz. Fürstenberg; Getreide, Vieh und Holz. Das Bisthum Constanz Getreide und Wein. Augsburg ist der Ort, wo Luther 1530 sein Glaubensbekenntniß abgelegt.

Ist

Ist auch berühmt, wegen der vielen Künstler und Gold- und Silberarbeiter.

Der burgundische Kreis bestand ehedessen aus der ganzen Niederlande. Nachdem Frankreich nach und nach viel davon erobert, und 7 Provinzen sich völlig davon frey gemacht, so blieb nur ein kleiner Theil davon übrig, welches jetzt dem Hause Oesterreich gehört. Dieser Kreis wird eingetheilet 1) In den Theil des Herzogthums Braband. 2) Luxenburg. 3) Geldern. 4) Der Grafschaft Flandern. 5) Hennegau. 6) Namur. Die bekanntesten Städte darinnen sind: Löwen, Brüssel, Antwerpen, Mecheln, Limburg, Luxemburg, Gent, Brügge, Ostende, Mons, Bergen, Namur, u. s. w.

Nächstens, Liebster, sollen Sie Westphalen, Ober- und Niederrhein kennen lernen, und dann Feyerabend mit der Beschreibung von Deutschland! Leben Sie wohl ꝛc.

Heldenmuth.

Wir waren unser vier und haben mehr geessen,
Sprach eine Zecherschaar, und tranken Wein,
Mehr als man zwölfen zugemessen.
Der Ruhm, ihr Herren, ist nicht fein.

Die 8te Fortsetzung der allgemeinen Weltgeschichte.

Die Olympiade kann man als die Aera der wahren Geschichte ansehen; doch gilt sie nur in Absicht auf die Begebenheiten der heidnischen Welt. Die heilige Schrift giebt uns die untrüglichste Erzählung von den Begebenheiten des auserwählten Volk Gottes, und stellt uns gute und böse Beyspiele der Menschen vor. Wir machen uns nebst der Geschichte von der uns die Bibel belehret auch mit der zu unserm Nutzen bekannt, mit der uns die weltlichen Skribenten unterhalten. Die Geschichte von Rom ist für uns sehr merkwürdig. Rom ward ungefehr im Jahr d. W. 3250 von Romulus erbauet, Damals regierte Jotham der König in Juda. Ungefehr 6 Jahr nach der Erbauung der Stadt Rom, ging die Aßyrische Monarchie vornemlich durch die Weichlichkeit des Sardanapalus zu Grunde. Romulus der erste, König zu Rom, starb nach einer 37zig jährigen Regierung. Er war beständig mit dem Kriege beschäftiget, und kehrte immer siegreich daraus zurück. Numa, sein Nachfolger, genoß einen langen ununterbrochenen Frieden, und nützte diese Zeit, die rauhen Sitten des Volks zu bessern, und ihre Religion in eine richtigere Form zu bringen. Rom nahm auch an Macht und Umfang zu, aber nur allmählig. Ungefehr 218 Jahr nach Erbauung der Stadt Rom, folgte Cyrus dem Cyaxares auf den Throne, und ward der einzigste Monarch im ganzen Orient. Wir setzen in diese Zeit den Anfang der Persischen Monachie. Zu Jerusalem wurde im ersten Jahre der Regierung des Cyrus, auf seinem Befehl der Tempel wieder gebauet. Cyrus war ein vortreflicher und heldenmüthiger Prinz, von dessen vorzüglichsten Eigenschaften wovon er schon in seiner Jugend die deutlichsten Proben ablegte, die Geschichte viel erzählt. Es ist nur zu beklagen, daß er auf eine so elende Art sein Leben enden muste. Er griff die Massageten, ein asiatisches Volk am caspischen Meere, an; wurde überwunden, und nebst vielen tausenden seiner Soldaten erschlagen. Die Königinn der Feinde ließ seinen Kopf in ein mit Blut angefülltes Gefäß tauchen, und sprach dann diese Worte: Sättige dich am Blute, nach welchem du so lange gedürstet hast.

Vin-

Vincent an Fritz.

Mit der Naturgeschichte, Freund, bin bis zur Ameise kommen. Wollen Sie dies Thierchen kennen lernen, so lesen Sie dieses: Man zählt fünf Sorten derselben, Hügel-Ameisen, große schwarze, kleine schwarze, rothe und gelbe Ameisen. Die ersten sind die größten. Wenn die hiesigen Ameisen ganz ausgewachsen sind, so bekommen sie Flügel, sowohl das männliche als das weibliche Geschlecht, nur nicht die sogenannten Zwitter, diese müssen das Haus bestellen, und für ihre Nachkommenschaft sorgen. Jede Ameise hat sechs Füße, die Weibchen und Zwitter haben einen Stachel, deren Stich schmerzt, aber bald wieder vergeht. Sie haben zwey Augen, die unbeweglich sind, daher sehen sie vor sich nichts, deswegen bedienen sie sich ihre Fühlstangen, um gerade aus ohne Gefahr laufen zu können. Ihr Kopf ist mit zwey Hörner gezieret, und an ihrem Mund haben sie zwey Sägen. Die Weibchen der Ameisen sind dicker als die Männchen. Und die Zwitter, welche die kleinste Zahl ausmacht, sind die kleinsten.

Ich könnte Ihnen, Liebster, noch vieles von den Ameisen erzählen, z. E. von ihren Vorrathskammern, die sie auf den Winter anlegen; von ihren Colonien, wovon jede wenigstens ein König hat, die an Größe und Farbe von den andern unterschieden ist, von ihren Kriegen u. dgl. Ich verweise Sie aber auf Raffs Naturgeschichte, die Sie von allen diesem belehrt. Leben Sie wohl!

Leseblatt für die Jugend.

Fünf und vierzigstes Stück.

Hamburg, 1786 den 8ten Novemb.

Luther.

Einen freyern eblern Mann,
Als Luther war, der eble Mann,
Hat keine Nation gezeuget.

Cramer.

Den Mann, meine geliebten Leser, von dem hier der Dichter so rühmlich spricht, muß ich Ihnen doch auch in meinen Blättern schildern. Eisleben, in der Grafschaft Mannsfeld, ist der glückliche Ort, an dem er 1483 den 10ten November, das Licht dieser Welt erblickte. Seine Eltern, die sich nur in dürftigen Umständen befanden, schickten ihn schon in früher Jugend nach Magdeburg und Eisenach in die Schule,

Schule, hier mußte er als Currentschüler sein Brodt verdienen. In seinem 18ten Jahr ging er auf die Universität zu Erfurt und studierte die Rechtsgelehrsamkeit. Weil ihm aber einer seiner jugendlichen Freunde Alexius, durch einen plötzlichen Tod entrissen ward, so änderte er, nach der damaligen Denkungsart, seinen Entschluß, ward ein Geistlicher, und ging ins Augustiner Kloster zu Erfurt, wo er eine strenge Lebensart führte, und sich fleißig mit der Bibel und mit den Kirchenvätern bekannt machte. Als er das 25ste Jahr erreicht hatte, berief ihn der Churfürst von Sachsen, Friedrich der Weise, auf die Universität zu Wittenberg, als Lehrer der Philosophie. Zwey Jahre darnach reisete er in Angelegenheiten seines Ordens nach Rom. Nachdem er wieder nach Deutschland zurückgekommen war, ward er im Jahr 1512 Doktor der Theologie. Im Jahr 1517 machte er den Anfang zu dem Reformationswerk. Die Gelegenheit hierzu gab ihm ein Dominikaner, Johann Tetzel, der vom Pabst Leo X. die Erlaubniß erhielte, die Erlassung der Sünden für Geld zu verkaufen. Er schlug 95 Sätze wider diesen Tetzel an die Schloßkirche zu Wittenberg in diesem Jahre am 31 October an. Dies verursachte viele Streitigkeiten. Zwey Mönche stritten sich über die Erklärung der Lehre vom Ablaß. Der Dominikaner ließ Luthers Sätze verbrennen. Darauf ließ Luther die Beweise seiner Sätze drucken. Man citirte ihn nach Rom, damit er sich daselbst persönlich wegen seiner Lehrsätze verantworten sollte. Dies geschah aber durch Vermittelung des Churfürsten zu Augsburg 1518 vor dem Cardinal Cajetanus, der sich der Zeit daselbst befand. Der Cardinal wollte, Luther sollte widerrufen. Darauf ward er für ein Ketzer erklärt. Luther appelirte an eine allgemeine Kirchenversammlung. Er ward im Jahr 1521 vom Kaiser Carl V. zur Verantwortung auf den Reichstag zu Worms gefordert. Mit der gröſten Standhaftigkeit ging er dahin und vertheidigte seinen Glauben. Darauf wurde er mit seinen Anhängern in die Reichsacht erklärt. Der Churfürst von Sachsen ließ ihn von verkleideten Edelleuten auf das Schloß Wartburg bey Eisenach bringen. Hier übersetzte er die heilige Schrift in die deutsche Sprache. Die vollständige Ausgabe der deutschen Bibel erschien 1534. Schon im Jahr 1530 erlebte er die Freude, daß auf dem Reichstag zu Augsburg die seiner Lehre zugethane Stände dem Kaiser und Reich ihr öffentliches, von Melanchthon abgefaßtes Bekenntniß, übergaben. Unser Luther war ein Mann von vortreflichen Gaben, und sein Character war edel. Er war ein zärtlicher Ehemann und Vater. Im Jahr 1525 hatte er sich mit Catharina von Bora verheirathet, und er ward Vater von wohlerzogenen Kindern. Reichthümer hatte er nicht gesammlet; und ungeachtet seines kleinen zeitlichen Vermögens war er doch wohlthätig gegen die Dürftigen. Als er einstmal von einem armen Jüngling um Hülfe angeflehet wurde, gab er demselben den silbernen Becher, den er vom Churfürsten zum Geschenk bekommen, weil er ihm sonst nichts geben konnte. Unser große Luther erreichte bey aller Mühseligkeit seines Lebens 63 Jahre seines Alters. Er starb in seiner Vaterstadt den 18ten Februar 1546. Sein Körper wurde nach Wittenberg gebracht, wo er in der Schloßkirche begraben ward. Seine Witwe lebte noch bis zum Jahr 1552, mit drey Söhnen und einer Tochter im Genusse weniger zeitlicher Güter. Ewig schätzbar bleibe uns dieser große und verdienstvolle Mann!

Vin-

Vincent an Fritz.

In meinem letzten Brief sprach ich mit Ihnen von der Ameise, und empfahl Ihnen am Ende Raffs Naturgeschichte zur weitern Belehrung von diesem Insekt. Ich würde auch in Ansehung der Biene Sie auf dies schöne Buch verweisen. Vielleicht aber haben Sies nicht? — Hier ist also eine kurze Beschreibung von diesem verwundernswürdigen und nützlichen Insekt. Man zählt unter ihnen auch Männchen, Weibchen und Zwitter, und in einem jeden Korb findet man sie. Die Zwitter sind die Arbeitsbienen, die Weibchen legen Eyer, und die Männchen brüten sie aus. Die Männchen und Weibchen bleiben beständig in ihren Körben. Es ist eine Lust, die Bienen in ihren Körben arbeiten zu sehen. Einige bauen ihre Zellen; andere verkleben die Löcher gegen die Kälte, und vor den Eindringen feindlicher Insekten, noch andere lauren auf die Ankunft der Wachssamler, und nehmen ihnen ihre Last ab: Und wenn die Einträger solche Abnehmer nicht finden, so legen sie die Beute selbst von sich. Diese stecken ihre Hinterfüße in die Zellen, und streifen das Wachs herab. Die andern durchkneten es mit den Füßen, streichen es glatt, und legen es schichtenweise über einander.

Man findet nur eine einzige Königinn in jedem Korb, und zwey, drey bis sechszehn hundert Männchen; aber viele tausend Arbeitsbienen. Eine Biene sammlet immer Honig und Wachs zugleich, wenns angeht. Sie verschließt das Honig in ihren Honigmagen; das Wachs aber klebt sie an ihre Hinterbeine so geschwinde und künstlich an, daß man darüber erstaunen muß. Weil die Bienen auf allerley Blumen herum schwärmen, so haben ihr Honig und Wachs auch nicht einerley Geschmack und Farbe. Die Lindenblüte ist ihnen die beste Speise. Wenn diese vom Regen benäßt sind, so leiden die armen Tierchen Mangel, weil sie die Nässe nicht ertragen können. Die Bienen leben auch im Winter, wenn sie genug Futter haben. Man findet aber im Herbst schon eine Menge todt danieder liegen. Das kommt daher, weil man in einem Korb nicht mehr als eine Königinn duldet, so müssen die andern auswandern oder sterben. Jede Königinn hat ihren Begleiter von etliche Tausend
und

und sie schwärmen an den ersten nächsten
Baum. Hier endet sich meine Beschreibung
von den Bienen. Möchten Sie doch Raffs
Naturgeschichte besitzen, so könnten Sie selbst
mehr davon lesen. Leben Sie wohl! Ich bin
u. s. w.

Alles was lebet sterblich ist.
(Aus einem alten Kirchenliede.)

Es herrscht der Tod in allem Lande,
Und würgt mit seiner kalten Hand,
Den allerkleinsten Wurm im Sande,
Und auch den größten Elephant.

Er schleicht in mancherley Gestalten
Vor unserm Blick verhüllt einher;
Auch unter Menschen Jung und Alten,
Ist keiner vor ihm sicherer.

Vom Bettler bis zum Königs Sohne,
Erhebt sich schrecklich seine Macht!
Er stürzt die Fürsten von dem Throne,
In Todes tiefe Mitternacht.

Vor ihm erzittern Myriaden,
Wer kann dem Schrecklichen entfliehn?
Mich kann des Todes Faust nicht schaden,
Sie leitet mich zur Krone hin.

Man

Man muß nicht alles glauben.

Ein junger Reisender erzehlte mir jüngst, daß er auf seinen Reisen unter andern durch ein kleines Städchen gekommen, worinnen er nicht ein einziges ungehorsames Kind angetroffen: Und daß Schwester und Brüder so liebreich mit einander umgegangen, wie die Engel Gottes. Wo sollt er dies Städtchen gefunden haben?

Leichte Antwort.

Wer unter allen Menschen ist
Von denen, die auf Gottes Erde leben,
Der ohne Furcht und Angst und Beben,
Dem Tod entgegen geht? —— Der Christ.

Räthsel.

Welcher Sohn könnte zu seinem Vater! sagen: Ich bin nicht dein Sohn, sondern du bist einer meiner jüngsten Söhne.

Auflösung des Räthsels im vorigen Stück: Eva.

Leseblatt für die Jugend.

Sechs und Vierzigstes Stück.

Hamburg, 1786 den 15ten November.

Fritz an Heinrich.

Lernen Sie, mein Geliebter, nun auch die Musen kennen. Ihre Zahl ist neun, und sie heissen: 1. Clio, die rühmende. 2. Melpomene, die singende. 3. Thalia, die muntere. 4. Euterpe, die ergötzende. 5. Terpsichore, die tanzende. 6. Erato, die liebenswürdige. 7. Calliore, die schönstimmige. 8. Urania, die himmlische und erhabene, und 9. die Polyhymnia, die preisende. Diese werden gebildet, als schöne muntere Frauenspersonen, mit Kränzen auf dem Haupte, und mit allerley musikalischen, auch geometrischen Werkzeugen in den Händen. Ihr Vorsteher ist der bekannte

Apollo. Ihr gewöhnlicher Sitz sind die Berge Helikon, Parnassus, Olympus, das Pierische und Aonische Gebirge. Die Quelle am Helikon heißt, Hippokrene.

Der Bothe der Götter heißt, Mercurius. Man bildet ihn ab als einen jungen Mann, mit einer geflügelten Mütze auf dem Haupt, auch an den Füßen giebt man ihm Flügel und Halbstiefeln, und in die rechte Hand einen geflügelten Stab, um den sich zwey Schlangen winden. Man giebt ihm auch wohl einen Bentel mit Geld in die eine Hand.

Der Gott des Krieges heißt, Mars. Er wird gebildet als ein junger starker Mann, mit Spießen und Degen in den Händen. Bellona ist die Göttinn des Krieges. Sie wird gebildet als eine grimmige Frau, in voller Rüstung mit Schild und Spieß. Auf dem Kopf trägt sie einen Helm; oft sieht man sie auch in fliegenden Haaren mit einer Peitsche, auch wohl mit einer Fackel in der Hand.

Die Fortuna, oder die Göttinn des Glücks. Man bildet sie, wie eine schöne Frau, mit einer Sonne auf dem Haupte, auf dem linken Arm trägt sie zwey Füllhörner, und in der rechten Hand

Hand hält sie ein Steuerruder. Man bildet
sie, weil sie sehr veränderlich ist, auch wohl mit
Flügel auf den Rücken, mit einer Kugel unter
dem einen Fuß, und mit dem andern als wenn
sie laufen wolle. Ueber ihrem Kopf sieht man
ein großes Segel. Nächstens die Fortsetzung.
Leben Sie wohl u. s. w.

Lied
auf blühe liebes Veilchen.
nach derselben Melodie.

Veilchen stehn nicht lange,
Alle die man sieht,
Auf dem Blumengange
Sind zu bald verblüht.
Wo erblickt man Spuren
Auf den schönsten Fluren,
Von der Blumen Pracht,
In des Wintersnacht?

Blumen zu verschenken,
Spricht die ernste Treu:
Ist dem Angedenken
Wahre Tändeley.
Lieber, sieh, ich habe

Eine beßre Gabe;
Nimm mit Biedersinn
Diese von mir hin.

Veilchen sind zu nichtig
Für der Freundschaft Pflicht;
Nur ein Herz ist wichtig,
Das von Treue spricht:
Von der Engel Treue,
Die ich jedem weihe,
Der sie nicht verkennt,
Und mich Bruder nennt.

Lieber, stat der Veilchen,
Nimm dies Herz von mir,
Nicht nur auf ein Weilchen,
Ewig weih ichs Dir.
Dies kann nicht verblühen,
Immer soll dir's glühen,
Fern von Falsch und List,
Wenn du redlich bist.

Redlichkeit, du Beßer,
Knüpf vest unser Band;
Reich, du ädle Schwester,
Mir auch deine Hand.
Komm mit Herz und Munde

Zu dem vesten Bunde,
Den der Ewigkeit
Wahre Freundschaft weiht.

Nehmt, Ihr Schwestern, Brüder,
Meiner Freundschaft Pflicht;
Gebt ein Herz mir wieder,
Das von Treue spricht.
Laßt uns Treue üben,
Uns wie Engel lieben;
O dies baut gewiß
Uns ein Paradies!

Räthsel.

Wer sind die Schwestern, die keine Mutter aber viele Väter haben? Die jüngste ist ein Engel, und die nächst der ältesten ist eine Heilige, und drey haben männliche Namen.

Der Mäßige.

Mein Hunger ist mit Wenigen gestillt,
Sprach Dickius, und aß zwey kleine Fische:
Er hatte erst am vollen Tische
Mit Braten und mit Wein den Magen schon
gefüllt.

Constantin der Große.

Von dem Kaiser Constantin, den man gewöhnlich den Großen nennet, muß ich Ihnen doch auch etwas erzählen. Dieser Herr erlebte das Licht der Welt, als das römische Reich schon über tausend Jahr gedauret, und drey hundert Jahr einem einzigen Oberherrn gehorcht hatte. Constantin war ein schöner Mann, stark und zeichnete sich besonders durch seine Leutseligkeit und Tugend aus. Er ward schon früh Kriegsoberster an dem Hofe des Kaisers Diocletian; er war ein Held in den Schlachten und erwarb sich dadurch Ehrfurcht und Liebe unter den Soldaten, die ihn denn auch nachher zum Kaiser ausriefen. So bald er auf dem Thron saß, ließ er eines seiner ersten Geschäfte seyn, daß er den Christen Religionsfreyheit erlaubte. Er ward auch selbst ein Christ; ließ sich aber erst kurz vor seinem Tode taufen. Ob er nun gleich den Christen sehr gewogen war und viele Freygebigkeiten gegen dieselben in Rom bewieß, so hatt er doch auch seine großen Fehler; seine heftigste Leidenschaft war der Hang zur Grausamkeit. So lieb ihm die Christen waren, und so milde und gütig er sich

gegen

gegen ihre Geistlichen bewies, so hart und grausam war er besonders gegen diejenigen Juden, die ihre Brüder, die zum Christenthum übertraten, verfolgten. Er verfolgte die Juden aufs äusserste, die es sich einfallen liessen, einen Tempel wieder zu bauen, und ihre Staatsverfassung einzuführen und ließ ihnen die Ohren abschneiden. Ungefehr im Jahr Christi 325 legte er den Grund zur Erbauung der Stadt Constantinopel und verlegte dahin seinen Sitz. Hierher rief er vornehme und geringe Einwohner Roms. In der letzten Zeit seines Lebens machte er eine Verordnung, wie es nach seinem Tode mit der Regierung sollte gehalten werden. Es wurde das Reich unter seine drey Söhne, Constantinus, Constantius und Constans, vertheilet. Auch seines Bruders Sohn Dalmatius, bekam einigen Antheil. Diese Theilung gebahr aber nach dem Tode des Vaters viel Unglück; die Söhne wurden darüber uneins, und der älteste büßte das Leben ein. Im Jahr 337 als er merkte, daß sein Ende herannahete, ließ er sich taufen. Er starb darauf am 29sten May, nach dem er 63 Jahr auf der Welt gelebt.

Die beyden Fische.

Heysa! lustig! sprach ein kleiner Fisch zu einem größern, und hob sich zu verschiedenmalen aus dem Wasser empor. Lustig, hörst du? Sah! machs wie ich. Siehst du denn nicht die Menschen dort stehen, Brüderchen? erwiederte der größere Fisch. Nun wird's nicht lange währen, so sind wir in ihrem Netze, und bald getödtet in ihrem Magen. Nach mir sollen sie gewiß ihre Netze vergeblich auswerfen. Sah! ich bin jung und viel zu geschwinde ihre Bemühungen zu vereiteln, war die Antwort des kleinen muthwilligen Fisches. Man warf das Netz ins Meer; und es kostete wenig Mühe den kleinen raschen Fisch zu fahen; ehe er es sich versah, so war er schon in der Zahl der Gefangenen.

Nimm dir die Lehre, rasche und muthwillige Jugend, aus dieser Fabel, daß du, ungeachtet deiner Munterkeit und frühen Jugend, nicht einen Augenblick vor dem Tode sicher bist.

Auflösung des Räthsels im vorigen Stück:
Jesus.

Leseblatt für die Jugend.

Sieben und vierzigstes Stück.

Hamburg, 1786 den 22ſten Novemb.

Laß du mich nur Barmherzigkeit
Vor dir im Tode finden.

Dieſe Worte des unſterblichen Gellert, meine geliebten Leſer, hörte ich jüngſt aus dem Munde eines Mannes, der die Pforte zur Ewigkeit ſchon vor ſeinen halbgebrochenen Blicken eröfnet ſah. Eine auszehrende Krankheit hatte längſt ſeinen Körper aufs Sterbelager gelegt. Er hatte manche Nacht ſeufzend um Hülfe zu Gott durchgewacht, oft mit Thränenblicken den Morgen kommen ſehen, und der Leidenstage eine Menge gezählt. Endlich erſchien der Tag, an welchem er mit Zuverſicht und Hoffnung auf ein beſſeres Leben ausrufen könnte: Der Herr wird mich erlöſen von allem

X x Uebel

Uebel und aushelfen zu seinem himmlischen Reich. Wie sich ein unschuldig Gefangener freuet, wenn ihm die Fesseln abgenommen werden, und man ihm die Thüre des Gefängniß zur Freiheit eröffnet; so freute sich die Seele dieses Sterbenden. Mit lächelnden Mienen schauete er auf seine schon erstorbene Hülle, und dann wieder zum Himmel, wohin sich seine nun bald befreyte Seele von ihrem verweßlichen Theil emporschwingen würde. Ich sprach mit ihm von dieser großen Seligkeit, die er nun mit dem Leiden und Kummer welche er hier erduldet, verwechseln würde: Und er rief oft mit gläubiger Hoffnung die Worte aus: Ich bin selig! Diese Hoffnung schöpfte er aus dem Versöhnungstode des großen Mittlers. Wie glücklich ist der Christ! — O ihr bedaurungswürdige Menschen, die ihr ausser dem Heil von Jesu, Trost im Tode schöpfen wollet! Zittert ihr nicht, wenn euch der Gedanke an die Ewigkeit anwandelt? Dieser Sterbende zitterte nicht. Sanft schlummerte er ein. So sanft, meine Geliebtesten, werden auch wir in den Schlummer des Todes sinken. Wir werden es, wenn wir

mit

mit Ueberzeugung sprechen können: Ich bin
selig! O Gott, laß uns alle Barmherzigkeit
vor dir im Tode finden!

Froher Muth.

Frohe Stunden meines Lebens,
Weilt auf unsers Gottes Welt,
Nicht für meinen Geist vergebens,
Seyd mir nie vom Gram vergällt.

Glücklich muß ich Euch hier zählen,
Wenn der Thoren Menge sich
Mit den schwarzen Sorgen quälen;
Nimmer quäl die Sorge mich.

Wenn ich gleich nicht mehr im Lenze
Meiner Lebensjahre bin,
Werf ich doch die Blumenkränze
Nicht von meiner Schläfe hin.

Sollt ich mich der Lust nicht weihen,
Die für mich der Schöpfer schuf?
Sich wie Engel Gottes freuen,
Ist der Sterblichen Beruf.

Fliesse meinem Geist, o Wonne,
Die mir Gottes Erde giebt,
Eh der Glanz der schönen Sonne,
Mir der Zukunft Welle trübt.

Wer oft frägt wird klug.
Ein Gespräch
zwischen Vater und Sohn.

Der Sohn. Du sprichst oft, Väterchen, daß mancher Mensch durch Schaden klug wird. Lehre mich doch, wie ichs machen soll, daß ich dies in der Folge nicht befürchten darf.

Der Vater. Dann müßtest du mir lange hören, und doch würd ich noch manches vergessen, wodurch du dich in den Stand setztest, um vor diesen Schaden sicher zu seyn. Vor allen Dingen wende deine Ohren von der Lockstimme böser Kinder, und wende deine Augen von ihrem gefährlichen Beyspiele. Uebereile dich in keiner Sache, die du unternimst: Und um der, von welcher du noch nicht unterrichtet bist, befrage dich bey klugen Menschen. Kennst du den jungen H...?

Sohn. Ja, lieber Papa; ach, der arme Junge ist zu beklagen!

Vater. Nicht wahr, weil er nun elend ist? Hätte er sich warnen lassen, seine Verführer würden den Sieg nicht über ihn erhalten haben, und er durfte jetzt nicht im Elende schmachten. Erinnere Dich an das Schicksal

des

des redlichen F. Sein vieles Bürge werden, und die vielen Vormundschaften, die er so gutwillig und unüberlegt übernahm, verursachten ihm manchen Schaden. Jetzt erst, nachdem er manches eingebüßt, wird er klüger. Der Oncle muß jetzt für ein halbes Jahr Interesse einbüssen, weil ein Capital von Tausend Mark, das ihm aufgesagt ward, nicht am gehörigen Ort, weil er sich nicht darum befragt, zur rechter Zeit aufrufen lassen.

Sohn. O ich will immer fragen, und guten Rath folgen, damit ich klug werde.

Carl an Heinrich.

Endlich, guter Heinrich, komm ich denn auch mit dem Ober- und Niederrheinischen Kreis. Der erstere liegt mehrentheils zwischen Ober- und Niedersachsen, Franken und Westphalen. Im Elsaschen, in der Schweiz und Schwaben, gehören auch noch einige Länder dazu. Die Länder überhaupt hierzu heissen: 1. Die Landgrafschaft Hessen. 2. Die Fürstenthümer Simmern, Lauthern, Veldenz und Zweybrück 3. Die Bisthümer Worms, Speier, Strasburg, Basel und Fulda. 4. Das Johanniter

Meisterthum und Heitersheim. 5. Die fürstl. Nassauischen Länder. 6. Verschiedene Grafschaften und Herrschaften. Fünf freye Reichsstädte. Die merkwürdigsten Städte darinn sind: Cassel, Weisenstein, Marburg, Hanau, Bieber, Darmstadt, Giesen, Ratzenburg, Schwalbach, Homburg an der Höhe, Bruchsal, Fulda, Strasburg, Heitersheim, Zweybrücken, Laubach, Witgenstein, Falckenstein. Die freyen Reichsstädte sind: 1. Worms 2. Speyer. 3. Wetzlar. 4. Frankfurth am Mayn und Friedberg. Cassel ist berühmt wegen ihrer vielen Alterthümer, Naturalien und Kunststücke. Worms, weil 1521 Luther auf dem Reichstag sein Glaubensbekenntniß abgelegt. Speier, weil 1529 auf dem Reichsstadt der Name der Protestanten entstand. Wetzlar, weil der Sitz des kaisel. und Reichskammergerichts daselbst seit 1691 ist. Und Frankfurt ist bekannt wegen seinens Handels, Schiffahrts, und weil zwey Messen daselbst im Jahr sind. Der römische Kaiser wird auch daselbst gekrönt. Dieser Kreis hat auch viele Manufakturen, Fabricken, Produkten u. s. w.

Zum Niederrheinischen Kreis gehören:

1. Die

1. Die kuhrmainzischen Länder. 2. Die Erzbisthümer Trier und Cöln. 3. Die Pfalz und Reihn. 4. Das Fürstenthum Ahrenberg. 5. Die Besitzung des deutschen Ordens, und 6. Einige Grafschaften und Herrschaften. Dieser Kreis gränzt an Schwaben, Franken, Lothringen und Elsas. Die merkwürdigsten Städte darinn sind: Mainz, Erfurt, Heiligenstadt, Duderstadt, Trier, Coblenz, Bonn, Arensberg, u. s w. Auch dieser Kreis hat Manusfakturen, Fabricken, Getraide, Gartenfrüchte, Wein, Salz u. s. w. Leben Sie wohl, bester Freund! Ich bin u. s. w.

Der Haushund und das Schooshündchen.
Eine Fabel.

Komm mir nicht zu nahe, sprach ein Schooshündchen zum Haushund Allard, du garstiges Thier! du mögtest mich schmutzig machen. Nur nicht so vornehm, Petit; Worauf bildest du dir was ein? sprach Allard. Du glaubst doch wohl nicht, daß du durch deine kleine Schönheit eine wichtigere Rolle in diesem Hause spielest als ich? Daran zweifelst du?

erwie-

erwiederte Petit. Frage nur Madame, die wird dir's schon sagen, wie viel ich ihr mehr werth bin, als du. „Wohl! Sollte unser Herr, wegen deiner Schmeicheleyen, dich mir auch vorziehen? Er wird gewiß den Nutzen, den ich seinem Hause leiste, höher als das Vergnügen schätzen, das du der Herrschaft machst.

Der Haushund spricht die Wahrheit, meine Liebsten: Das Nützliche ist dem Angenehmen immer vorzuziehen.

Frage und Antwort.

Frage. Warum ist manches ernstliches
     Bemühen
Umsonst beym Unterrichten und Erziehn,
Der Mädchen und der Knaben?
Antw. Weil wir so viele böse Muster haben.

Räthsel.

Wo leben die Menschen im Wasser und die Fische auf dem Lande? Wo stehen die Zweige der Bäume in der Erde und die Wurzeln in der Höhe? Wo sind die Narren weise und der Weisen närrisch?

Auflösung des Räthsels im vorigen Stück:
Die 5 Hauptkirchen in Hamburg.

Leseblatt für die Jugend.

Acht und Vierzigstes Stück.

Hamburg, 1786 den 29sten November.

Die jungen Gänse.
Eine Fabel.

Was sagt ihr, lieben Brüder und Schwestern, von dem alten Vater Ganner, sprach ein Gänschen, das noch nicht lange aus dem Ey gekrochen war, zu der kleinen Gänsefamielie; plaudert er nicht dummes und albernes Zeug? Ja freylich, Brüderchen, erwiederte einanderes Gänschen, das so naseweise wie dieses war, dumm und albern genug! Und noch andere von den Kleinen, thaten ihren überklugen Schnabel wider diese und jene alte Gans auf. Noch andere unter diesen unwissenden Dingelchen, machten sich herzlich lustig über das andere

Feder-

Federvieh, z.E. über das Krähen der Hähne, das Kakeln der Hüner, das Girren der Tauben, sie erkühnten sich so gar, sich mit ihrem Tadel an den Gesang der Nachtigall, der Canarienvögel, Lerchen und dergleichen zu wagen.

Nicht wahr, meine jugendlichen Freunde, die kleinen unwissenden Gänse, sind treffende Bilder, kleiner und großer unwissender Menschen, die sich erdreisten, mit ihrem Tadel über alles, was gesagt und geschrieben wird, herzumachen. Ich denke oft an dies schwatzhafte Federvieh, wenn ich in Gesellschaften, Prediger über ihre Canzelvorträge, liebloß beurtheilen höre.

Der beste Trost.

Dem armen Heinrich ging es sehr zu Herzen, als er seine nothleidenden Eltern über Mangel und theure Zeit klagen hörte. Er dachte lange darüber nach, obs ihm nicht möglich sey, seine Eltern über ihren Kummer trösten zu können, und endlich glückte es ihm: Lieber Vater, liebe Mutter, sprach er dann. Der große, allenthalben gegenwärtige Vater, kennet ihre Noth, und er ist mehr als reich genug, diese abzuhelfen, und mit Güte und Wohlthun segnen zu können.

Lied.

Lied

Nach der Mel. Blick herab, o blasser Mond.

Immer auf der Blumenbahn
Goldne Stunden zählen,
Wird der Thoren eitler Wahn
Sich zum Ziele wählen.
Und das Herz des Weisen spricht:
Dauerhafte Freuden
Nützen Erdenbürger nicht,
Ohne kleine Leiden.

Diese schöne Welt kann viel
Ihren Kindern geben.
Doch, sie nie zum höchsten Ziel,
Ihres Glücks erheben.
Blieb das größte Glück uns hold,
Wären wir selbst König,
Alles ist, auch Rang und Gold,
Unserm Geist zu wenig.

Glücklich ist der Sterbliche,
Der mit dem zufrieden,
Was der Vater in der Höh
Ihm zum Loos beschieden.
Wahrer Erden Seligkeit,
Die den Geist erhebet,
Ist's, wenn die Zufriedenheit
Ihrer Brust belebet.

Glück

Glück ist's, was der Vorsicht Hand
Zu dem Erdenleben,
Zum erwünschten Mittelstand,
Weißlich mir gegeben.
Wäre dies auch noch so klein;
Goldner Stand und Ehre,
Lehren mich zufrieden seyn
Auf der niedern Sphäre.
Du der Erden Seligkeit,
Wahrer weisheit Quelle,
Göttliche Zufriedenheit,
Fülle meine Seele.
Du nur streust mir Blumen hin;
Auch in Kümmernissen,
Lehrst du mich mit Engeln Sinn
Meines Theils geniessen.

Grabschrift eines Stolzen.

Hier, Wandrer, liegt ein reicher, reicher
Mann;
Oft sah man ihn mit fürstlicher Gebährde
Dem Kreise seiner Brüder nahn——
Nun ist er Staub und Erde.

Räthsel.

Ich höre ohne Ohren, rede ohne Zungen,
sehe ohne Augen, esse ohne Mund, und bin da,
wo ich nicht bin. ——— Gott=

Gottlieb an Hedchen.

Gestern, liebes Hedchen, war ich mit dem Proselyten Ch. ::: i in Gesellschaft. Ein günstiger Augenblick brachte mich ihm nahe, und dies gab mir die erwünschte Gelegenheit, eine erbauliche und belehrende Rede aus seinem Munde zu hören. Fürchten sie sich nicht, sprach er zu mir, vor einem gewesenen Juden? ,,Und wären sie auch noch Jude, so fürchtete ich sie nicht. Liebenswürdiger aber sind sie mir, daß sie sich nunmehr zu meiner Religion bekennen, und ein Unterthan unsers Königs Jesu Christi sind. ,,Das bin ich Gottlob! Durchs Bad der heil. Taufe ward ich der Beglückte, der sie sind. O Kleiner, sie erlangten diese Glückseligkeit durchs heil. Bad der Taufe, als sie sich noch kaum bewust und auch nicht fähig waren, diese hohe Seligkeit zu schätzen. Ich war mich ganz bewust, und man hat mich belehrt, und ich bin in meiner Seele aufs gewisseste davon überzeugt, daß mir durch dies Bad eine unaussprechliche Gnade verliehen ist. Wie heilig und über alles wichtig ist mir der Bund, den ich hier mit Gott aufgerichtet. Welche Gnade, Liebe und Barmherzigkeit hat er mir versprochen,

chen, wenn ich das, was ich ihm zugesagt, erfülle, und mich bis ans Ende seiner Vater=
liebe gemäß beweise. Bestes Hedchen, wie sehr wünsche ich, daß Sie alles das gehört hät=
ten, was er von der Würde der heil. Taufe sprach. Wie glücklich sind wir, daß wir das durch Erlöste Jesu geworden sind.

Die 9te Fortsetzung der allgemeinen Weltgeschichte.

Mit Alexander Magnus, ein Sohn des Macedonischen Königes Philippus, der ohnge=
fehr in dem Jahr der Welt 3668. auf den Schau=
platz der Welt trat, fängt die 9te Epoche an. Dieser Fürst, der seit seiner frühen Jugend Beweise eines großen Heldenmuths von sich blicken ließ, hat sich durch kriegerische Thaten der Welt unvergeßlich merkwürdig ge=
macht. Er gründete sein Reich in Griechen=
land, und zog nachher mit verwundernswürdi=
ger Geschwindigkeit durch ganz Kleinasien, schlug den König Darius in drey ordentlichen Schlachten, und wurde nach dem Tode dieses Fürsten, der treuloß von Bessus umgebracht wurde, der einzige Herr über das Persische Reich

Reich. Alexander setzte noch immer seine Er:
oberungen fort, drang bis in Indien, und
kehrte nach Babilon zurück, wo er im 3:sten
Jahr seines Alters starb. Nach seinem Tode
wurde sein Reich in verschiedene Länder ge:
theilt. Seine Nachfolger, Perdiccas, Ptolemä:
us, Antigonus, Selecus u. m. opferten ihrem
Ehrgeiz, die ganze Familie des Alexanders,
seine Gemahlinn, seine Mutter, seinen Bru:
der, seine Kinder und seine Schwester auf.
Man sah nichts als Kriege, Blutvergießen
und unaufhörliche Empörung. Um diese Zeit
ward Armenien ein berühmtes Königreich;
und Mithridates stiftete nebst seinem Sohn
gleiches Namens, das Königreich Cappadocien.
Nach dem berühmten Helden Alexander,
macht uns die Geschichte auf Hannibal auf:
merksam. Dieser Herr, der schon in seiner
frühen Jugend ein geschworner Feind der Rö:
mer war, folgte dem Hasdrubal in Spanien,
in einem Alter von 25 Jahren in dem Befehls:
haberamt bey dem Kriegesheer. Er war ein
Liebling seiner Soldaten, und sie hatten Ur:
sache ihn zu schätzen und zu lieben. Er war
schon durch seine Heldenthaten bekannt, zur

Zeit

Zeit als Alexanders Vater, Philippus regierte, und stand endlich mit ihm im Bunde. Lange war er den Römern höchst nachtheilig, bis er endlich gezwungen ward, aus seinem Vaterlande zu fliehen, weil ihm Lucius Scipio verfolgte. Er nahm sich endlich mit Gift sein Leben. (Künftig die Fortsetzung.)

Selig sind die Friedfertigen.

Wie alt ist er Vater, sprach ein Knabe zu einem alten Greis, den er mit heiterer und zufriedener Miene ein Butterbrodt verzehren sah. Neunzig Jahre, erwiederte dieser. „Und noch so munter und vergnügt, als ein vierzigjähriger Mann? Mir ist recht wohl, sprach darauf der Altvater, warum sollt ich nicht heiter und vergnügt seyn? „Mich wunderts, daß er bey so hoher Jahren noch so jugendlich munter ist? „Diese Glückseligkeit, mein Sohn, ist die Frucht von der Bezähmung meiner Leidenschaften; und weil ich mich vorzüglich in der Friedfertigkeit und in dem Umgange mit meinen Brüdern, übte. So wie die Zanksucht für uns eine Hölle ist, so ist uns die Friedfertigkeit der Himmel, und macht uns schon dies Leben hiernieden zu einem seligen Leben.

Auflösung des Räthsels im vorigen Stück:
Nirgends.

Leseblatt für die Jugend.

Neun und vierzigstes Stück.

Hamburg, 1786 den 6ten Decemb.

Das Lamm.
Eine Fabel.

Wenn ich doch, sprach ein Lämmchen zum alten Schaaf, das neben ihm auf der Weide ging, so geschwinde laufen könnte, wie der Haase, gleich den Vögeln fliegen; oder wenn ich doch so listig wie Reinicke wäre! Ha! denn sollten die Menschen mich nie unter ihre Zähne bekommen. Glaubst du dies? erwiederte ihm sein alter Nachbar. O die Menschen haben Mittel genug in den Händen, auch die listigsten und geschwindesten Thiere zu haschen, um ihre heiße Begierde mit ihrem Fleische zu sättigen. Laß uns, Kleiner, gern mit unserm

Schicksal zufrieden seyn, und dem Jupiter ja keine Vorwürfe wegen unserer Geburt machen. Sie hat uns aus weiser Ursache unser Daseyn unter der Zahl der Lämmer beschieden, und wir sind gewiß vor vielen andern Thieren glücklich.

Ich kenne manchen unter meinen jugendlichen Leser, die so wenig mit ihrer Geburt zufrieden sind, als unser Lämmchen. Möchten diese Nutzen aus der guten Lehre des altklugen Schafs schöpfen!

Kinder müssen nicht alles wissen.

Du machst mir, Hans, sprach Mutter Gretchen zu ihrem Manne, den Jungen zu klug, als sie hörte, daß er seinem Sohn alles Haar klein erzählte, was nur allein Eheleute wissen müssen. Auf ihrem Wink, den der kleine Hans bald bemerkte, entfernte dieser sich. Und nun mußte Vater Hans, wegen seiner Offenherzigkeit, ernste Verweise hören. Dieser entschuldigte sich zwar damit, daß er selbst aus dem Munde eines Magisters, der dem Pfarer seine Kinder informirte, gehört, daß wir in den aufgeklärten Zeiten leben, und unsere achtjährigen Kinder

Kinder jetzt schon mehr wissen müßten, als
dreyzigjährige Männer unserer Vorfahren
wissen könnten, so blieb unsere Margrethe
doch bey ihrem Grundsatz: Kinder müssen
nicht alles wissen.

Daß dies auch mein Grundsatz ist, muß ich,
meinen jugendlichen Lesern, offenherzig geste=
hen. Und mein Rath an Sie ist: Neigen
Sie, liebe unschuldige Seelen, nicht jedem
neumodischen Schwätzer Ihre Ohren.

Vincent an Fritz.

Von den Fliegen soll ich ihnen, Liebster, noch
eine kurze Beschreibung machen? Recht gern;
hier ist sie: Es giebt sehr viele Arten von Flie=
gen, die alle einen weichen und biegsamen Rüs=
sel haben. Die bekanntesten sind die Stuben=
Schmeiß= und die Garten= oder Waldfliegen.
Die Stubenfliegen legen ihre Eyer an aller=
hand saftige und unreine Oerter. Diese Flie=
gen kennen wir am besten, weil sie in unsern
Stuben um uns herschwärmen. Die
Schmeiß= Aas= oder Fleischfliegen haben auf
dem Hinterleib einen glänzenden blauen Fleck,
und legen ihre Eyer auf das Fleisch todter

Thiere,

Thiere, oder anderes stinkendes Fleisch. Diese werden gewöhnlich schon an dem Tage, wann sie gelegt worden sind, lebendig, und lecken und fressen sich innerhalb neun Tagen so dick und voll, daß sie sich verpuppen, und in neun oder zehn Tagen davon fliegen können. Die Gartenfliegen findet man bey hellem Wetter Haufenweise in den Wäldern und Gärten. Man hat auch Stech- und Raubfliegen. Die erstern sehen fast den Stubenfliegen ähnlich. Sie zerstechen und quälen die armen Pferde entsetzlich. Auch kommen sie bey trüben Wetter wohl in unsere Häuser, und stechen uns. Die Raubfliegen kommen an Größe unseren Stubenfliegen gleich, sie haben rauwolligte Füße, und rauwolligten gebogenen Hinterleib, und ein Maul, welches aus einer hervorragenden hornartigen zweyklappigen Schnauze zusammengesetzt ist. Mit diesem Werkzeuge fangen und ermorden sie viele zweyflügelichte Insekten.

Leben Sie wohl, Fritze! Ich bin u. s. w.

Auflösung des Räthsels im vorigen Stück
. Niemand.

Es ist ein großer Gewinn, wer Gott-
selig ist, und lässet ihm genügen.

Paulus.

Mutter Wohlgemuth hatte nach dem Tode ihres sel. Mannes so viel nachbehalten, daß sie ein eignes Hüttchen bewohnen, und ihr Brod, ob es ihr gleich nicht zu reichlich zugemessen war, in Ruhe verzehren könnte. Sie hatte, weil die Lage ihrer Wohnung in einem Dorfe war, nur wenig Umgang mit Menschen; nur eine alte Nachbarinn, mit der sie auferzogen war, war ihre vertraute Gesellschafterinn. Mit der ging sie oft früh Morgens in ihrem kleinen Garten spatzieren, und sahen mit Lust, wie sich die würkende Natur zur Ehre des Schöpfers allenthalben sichtbar zeigte. Sie sah zu ihrem Vergnügen, wie die Erbsen, Bohnen und Wurzeln merklich heran wuchsen, sah die Bäume in der schönen Blüthe stehen, und dies gab beyden Matronen Gelegenheit zu frommen Unterredungen, und da wurde denn manches zum Lobe des all versorgenden Vaters gesagt. Sind wir nicht glücklicher, sprach Mutter Wohlgemuth einmal zu ihrer alten Vertrauten, als viele reiche Städter, die in den goldnen Morgenstunden, vor der Pracht, womit die Natur die Gärten und die Felder so herrlich schmückt, die Augen verschlossen im trägen Schlummer darnieder liegen. Vor unsern Augen zeigt sich alles das Schöne, das dem Herzen mehr Freude macht, als alle Schätze, die wir nur beschauen, bewundern und nicht geniessen können. Als diese alten Vertrauten einstmals gemeinschaftlich ihr gewöhnliches Mittagsmahl verzehrten, und ihre gute Gesundheit eben in einem Glase Milch tranken, trat ein hübscher junger Mann wohl gekleidet in die Thür. Es war der Sohn der alten Wohlgemuth. Dieser, der sich durch Tugend und Fleiß zu der Professor Würde auf einer bekannten Universität empor geschwungen, u. sich glücklich und wohl verheyrathet hatte, kam in der guten Absicht, seine Mutter aus der kleinen Hütte zu sich zu nehmen, um ihr die Tage, die sie noch zu leben hatte, angenehm zu machen. Mit der zärtlichen Umarmung empfing die Mutter ihren guten Sohn, und er muste jetzt an ihrer Seite mit einem Stück Schinken, mit einer Schaale Milch und frische Butter auf dem Brode verlieb nehmen. Dies schmeckte ihm so wohl; allein seine Absicht,

sie

sie mit sich zu nehmen, wurde bereitet. Mit aller seiner Professorischen Beredsamkeit, könnte er sie nicht überreden, sein Verlangen zu erfüllen. Er muste, begleitet von ihrem mütterlichen Segen, sie in der Hütte zurücke lassen, worinn diese gottesfürchtige Matrone die höchste Zufriedenheit genoß.

Das musikalische Wunderkind.

Um meine jugendlichen Freunde zum unermüdeten Fleiß in den Wissenschaften aufzumuntern, muß ich Ihnen mit einem kleinen Knaben bekannt machen, der es schon in seinem sechsten Jahre in der Musik so weit gebracht, daß er eine Menge Concerte, Sonaten u. s. w. auf dem Clavier mit meisterhafter Fertigkeit spielte. Er heißt: Joh. Gottl. Ludw. Semler, und ist in der Landschaft Eiderstedt, im Kirchspiel Tating gebohren. Sein Vater Herr Semler, ist Organist daselbst. Dieser würdiger Mann, der wegen seiner Geschicklichkeit und seines ädlen Charakters eine bessere Stelle verdiente, besuchte mich vor einiger Zeit mit seinem kleinen Wundersohn. Beyde spielten verschiedene Sonaten und Concerte für 4 Hände

Hände gesetzt, auf dem Forte piano, und der Sohn die Oberstimme. Nur derjenige, der es sah, könnte das unpartheyischste Zeugniß geben, daß er mit seinen kleinen Händchen die schweresten Passagen, mit der grösten Fertigkeit herausbrachte. Der Vater erzählte mir, daß der kleine Musikus schon in dem dritten Jahre seines Alters, einige Stücke auf dem Clavier gespielt. Wie weit kann ein fähiger Kopf durch Mühe und Fleiß kommen!

Die Welt ist kein Jammerthal.

Die Welt, spricht mancher, ist ein Jammerthal,
Und mir erscheint sie in dem schönsten Bilde,
Sprach Reichhardin —— In ihrem Capital
Erblickte sie ihr Lustgefilde.

Räthsel.

Ich bin den Menschen unentbehrlich, und doch wurden viele weniger unglücklich seyn, wenn sie mich nicht hätten. Ich bin todt gebohren, werde nie lebendig, und habe doch manche Todte ins Leben verwandelt. Ich mache glücklich und unglücklich, tödte, ohne daß ich eine Hand ausstrecke, und segne und fluche, ob ich gleich keinen Mund habe.

Leseblatt für die Jugend.

Funfzigstes Stück.

Hamburg, 1786 den 13ten December.

Die 10te Fortsetzung der allgemeinen Weltgeschichte.

Als Rom 568 Jahr gestanden, 68 Jahr vor Christi Geburt, zeichnete sich der Jude Judas der Maccabäer, von dem wir in der Bibel lesen, besonders durch seine Tapferkeit aus. Er widersetzte sich der Macht ihrer Feinde, die sich unter der Regierung des Antiochus Eupater wider sie empörte, und eine schreckliche Verfolgung über sie verbreitete. Die zahlreichen Kriegesheere, welche Demetrius nach einander wider sie ausschickte, wurden von Judas in die Flucht geschlagen. Doch ward er endlich von der Menge seiner Feinde überwältiget und getödtet. Sein Bruder Jonathan, der ihm in dem Amte folgte, machte sich durch seine Tapferkeit den Feinden eben so furchtbar. Die Römer sahen es gern, daß die Syrier durch die Juden gedemüthiget wurden, und erklärten dieses Volk für ihre Freunde und Bundesgenossen. Um diese Zeit hörte die Macedonische Monarchie auf, und die Römische kam an ihrer Stelle. Einige Jahre darnach wurden die berühmten Städte, Carthago, Corinth, die erste von Scipio Aemilianus, und die andere von dem Consul L. Mummius, zerstöhrt. Rom ward nun besonders merkwürdig, nach dem Corinth zerstöhrt war. Alle berühmten Bildsäulen, Gemählden und andere Kunstwercke, womit diese Stadt ausgeschmückt war, wurden nach Rom gebracht. Auch wurden hier die Gelehrsamkeit und Wissenschaften befördert, und man brachte es in allen den verschiedenen Theilen der Erkenntniß so weit, daß uns das Zeitalter des Augustus eben so sehr wegen der Werke der Männer von vorzüglichen Geistesgaben, als wegen der Thaten und der Tapferkeit so vieler Helden, welche darinn lebten, merkwürdig scheinen wird.

Ich

Ich muß, Liebster, hiermit meine kurze Beschreibung von der Weltgeschichte schliessen. Ich hätte Ihnen, Liebster, auf diesem Blättchen noch etwas erzählt vom Kaiser Cäsar. Von der bekannten Cleopatra, die sich selbst das Leben nahm, von ihrem Antonius u. s. w. Auch hätt ich Ihnen von den großen Gelehrten Cicero, Horaz, Virgil, Ovid, Livius u. a. m. erzählt; allein hier ist nicht mehr Raum dazu. Leben Sie wohl! Ich bin u. s. w.

Nachschrift von mir.

Der Auszug aus der Weltgeschichte ist freilich in meinen Blättern in einer unvollkommenen Gestalt erschienen. Ich kann nicht davor. Ich hatte mir einen beßeren Plan darüber entworfen; dieser aber ist vereitelt, weil die Zahl meiner Leser klein ist, daß ich mir zum Schaden arbeiten muste. Die Beschreibung der neuern Geschichte muß ich leider schuldig bleiben.

Der sanftmüthige Lehrer.

Ich schlage meine Schüler nie;
Vor aller Strenge soll mich Gott bewahren,
Sprach Meister Grimm, und spät und früh
Zog er den Schülern bey den Haaren.

Lied

in Gesellschaft zu singen. *)

Eine Stimme.

Auf, Freunde, dieser Augenblick
Soll nicht umsonst entfliehn;
Schnell kam er, kam zu unserm Glück,
Und schnell eilt er dahin.

Alle.

Schnell kam er, bracht uns Freud und Glück,
Und fliehet schnell dahin.

Eine Stimme.

Der Augenblick soll Zeuge seyn,
Von unsrer Frölichkeit;
Ihm sey beym Schmaus, bey Punsch und Wein
Ein frohes Lied geweiht.

Alle.

Ein Lied beym Schmaus, bey Punsch und Wein,
Ein frohes Lied geweiht.

Eine Stimme.

Stimmt, Freunde, an und singet laut,
Die hier zugegen sind:
Es lebe Bräutigam und Braut,
Greis, Mann und Weib und Kind!

Es

---

*) Dies Lied ist nicht für meine jugendlichen Leser, sondern für einige meiner ältern Freunde, die lieber in der Gesellschaft ein Lied singen, als sich mit dem Kartenspiel zu beschäftigen, abgedruckt.

Alle.
Es lebe Bräutigam und Braut,
Greis, Mann und Weib und Kind!
Eine Stimme.
Es blühe Heil um Josephs Thron,
Und Heil in jedem Staat!
Heil jedem weisen Erdensohn,
Heil jeder guten That!
Alle.
Heil schweb um unsers Josephs Thron,
Heil jeder guten That!
Eine Stimme.
Es blühe Heil in jedem Stand,
Zufriedenheit und Glück!
Es kehr in unser Vaterland
Die goldne Zeit zurück.
Alle.
Komm bald in unser Vaterland,
O goldne Zeit, zurück!
Eine Stimme.
Heil jedem echten Biederfreund,
Der deutsch und redlich denkt;
Den Bruder nie, auch nicht den Feind
Aus Haß und Rachsucht kränkt!
Alle.
Kein Mensch, und wär er unser Feind,
Sey je von uns gekränkt.

Eine Stimme.
Heil unserm Wirth! es blüh sein Haus
Nach seines Herzens Wunsch!
Wir danken ihm für diesen Schmaus:
Dank ihm für Wein und Punsch!
Alle.
Dank dir, o Freund, für diesen Schmaus,
Dank dir für Wein und Punsch!
Eine Stimme.
Singt unserm großen Geber Dank!
Sein ist, was uns ernährt,
Und was auf unserm Pilgergang
Uns Freud und Lust gewehrt.
Alle.
Ja, ihm, dem großen Geber, Dank,
Der uns so reichlich nährt!
Eine Stimme.
Sein Segen bring uns allen Glück,
Daß wir uns hoch erfreun!
Er laß uns manchen Augenblick,
Gleich diesem glücklich seyn.
Alle
Laß uns noch manchen Augenblick,
Gleich diesem frölich seyn.

Auflösung des Räthsels im vorigen Stück:
  Die Zunge.

Fritz

Fritz an Heinrich.

Von dem Herkules, liebster Heinrich, könnt ich Ihnen eine weitläufige Beschreibung machen, weil man vieles von demselben zu erzählen weiß; ich will Ihnen aber nur sagen, daß er ein starker Mann gewesen, der schon in seiner Wiege mit seinen Händen Drachen getödtet. Er wird abgebildet in einer Löwenhaut, und mit einer großen knotigen Keul in der Hand. Dies sind Bilder der äusserlichen Stärcke.

Der Gott der Aerzte heißt, Aesculap. Er wird abgebildet als ein alter Mann mit einem Stabe in der Hand, um welchen sich eine Schlange windet. Neben ihm erblickt man einen kleinen Knaben mit einer spitzen Mütze auf dem Haupt, ganz in einem Mantel eingehüllt.

Castor und Pollux, die unter den Gestirnen als Zwillinge bekannt sind, waren Brüder von verschiedenen Neigungen. Der erste liebte ritterliche Uebungen zu Pferde, und der andere die Klopfechterey. Die Fabel sagt, Pollux, als ein Sohn des Jupiters, sey unsterblich gewesen. Sie werden abgebildet als zwey auf weissen Pferden neben einander reitende

tende Helden, mit einem Sterne über die Stirne auf dem Helm, und mit Spiessen in Händen. Man nennet sie Nothhelfer, sonderlich bey Stürmen auf dem Meere, und man verehrte sie gemeinschaftlich als Halb-Götter. Nun noch zum Beschluß meiner Briefe von der Göttergeschichte, mein Liebster, eine kurze Beschreibung von den sogenannten Parcen. Diese werden genannt: Lachesis, Klotho und Atropos. Von der ersten sagt die Fabel, daß sie die Bestimmerinn der kommenden Menschen ist. Die zweyte spinnt den Faden des menschlichen Lebens, und die dritte schneidet denselben ab, und stellt den Tod vor.

Leben Sie wohl, liebster Heinrich! Ich bin unaufhörlich Ihr Freund   Fritz.

Warnung.

Das Laster sieht man oft in mancherley Gestalten.
O laß es dich nicht blenden, Jugend!
Erwähle dir den Schmuck der Tugend,
Und nimmer laß für sie dein Herz erkalten

Räthsel.

An welcher Nachlassenschaft müssen viele Kinder, ohne ihren Willen und zu ihrem größten Schaden, Antheil nehmen?

Verzeichniß
der Subscribenten

A.
                               Exemplar

Herr J. P. Aerps, in Hamburg   1
Monsi. Joh. Christian Arnet, daselbst   1
Herr Organist Ahnesorge, in Wesselbuhren   6

B.
Herr Capellmeister Bach, in Hamburg   1
Monsi. Pet. Mich. Bartels, daselbst   1
—— Ant. Hinr. Bartels   1
—— J. H. und C. N. Bauwer   2
Herr Becker   1
—— Heinrich Berghusen   1
Monsi. Joh. Dan. Bergstedt   1
Demois. Behn   2
Monsi. Joh. Heinr. Behncke, Reinbeck   1
Herr Berg, englischer Sprachmeister   1
Monsi. Bened. Heinr. Böse, Hamburg   1
—— D. F. Böckenberg   1
Herr Pet. Nic. Bruns   2
—— Pastor Brameyer, Billwärder.   1
Monsi. Alb. Friedr. Bruns, Hamb.   1
Mademoiselle Brügmann   1
Herr Bramfeld   1

                              Herr

Verzeichniß der Subscribenten.

Exempl.

Herr Joh. Friedr. Bossau, Lehrer am
    Waisenhause zu Hamburg   :   1
—— Georg Bostelmann,   :   :   1

C.

Herr Joh. Hinr. Christophersen, Hamb. 1
—— Mart. Hinr. Cords   :   4

D.

Herr Dieckmann, Schullehrer zu St. Mi-
    chaeli in Hamburg   :   :   1
—— Dopff   :   :   :   1
—— von Döhren   :   :   1
Mademoiselle von Döhren   :   :   1
Herr Schullehrer Dreger   •   :   1

E.

Herr Pastor Enke zu St. Jacobi in Ham-
    burg   :   :   :   1
—— Jacob Engelbrecht, in Rostock   •   12
Monsi. Corn. Eggers, aus Berlin   :   1
Herr Elking, Hamburg   :   :   1

F.

Madame Feil, Hamburg   :   :   1
Herr Pastor Flügge zu St Michaeli   1

Monsi.

Verzeichniß der Subscribenten.

                                         Exempl.

Monsr. Heinrich Flohr, aus Malaga : 1
Herr Fehmerling, Hamburg , 1

G.

Herr Senior und Doctor Gerling, Haupt-
   pastor zu St. Jacobi und Scholarch
   in Hamburg , , , 1
Mademoiselle Gädchens , , 1
————— Anna Cath. Gaste , 1
Herr Greiff , , , 2
Mademois. Arnesta Grell , , 1
Herr Grüning, Schullehrer in Altona 12

H.

Herr Pastor Hasse zu St. Jacobi Hamburg 1
Monsr. Heinr. Friedr. Ludw. Haase, aus
   London , , , , 3
Demois. Friederica Haase, in London , 1
Herr Hans Jacob Haß, jun. Hamb. 1
——— Halske, Schullehrer zu St. Catha-
   rinen in Hamburg , , 1
——— Hinsch, in Reinbeck , , 1
——— Hillbrandt, Hamburg , , 4
Monsr. Joh. Jacob Hagen , , 1
Herr Pastor Hedde, in Wesselbuhren , 1
Demois. A.C. Hammann, Hamburg 1

Verzeichniß der Subscribenten.

	Exempl.
Monſ. Carl Hinrich Herrmann, Hamb.	1
——— H. Joh. Dav. Herrmann	1
Herr Carl Friedr. Hertel	1
Madame Hopff, in Jersbeck	1
Monſ. Benj. Heinr. Hopff, Hamburg	1
Herr Pastor Helmke, in Büsen	1
——— Hoffmann, Hamburg	4
——— Candid. Holst	1
——— Joh. Christ. Holtermann	1
Monſ. Claude Nicolaus Hüe, aus Havre de Grace	1
Herr Ludolff Christ. Hörmann, Hamb.	1
Monſ. Gerh. Wilh. Hill	1

K.

Madame Karschin, in Berlin	1
Herr Kaufmann, in Hamburg	1
Monſ. J. H. C. Katterfeld	1
Herr Kirchenbauer	1
Madame Kienken, in Berlin	1
Monſ. Carl Wilh. Klemecke, Hamb.	1
Madame Koch	1
Madame Kitz	3
——— Klinken	2
Herr Köppen	1

Monſ.

Verzeichniß der Subscribenten.

Exempl.

Monſ. F. D. Kincke, in Hamburg . 1
—— J. J. C. Klockmann . 1

L.

Herr Lange, Reformirter Schullehrer in
 Hamburg 1
Demoiſ. Cath. Langermann . 1
Monſ. Jacob David Lange . 1
Herr Probſt Leithäuſer, in Henneſtädt . 1
Monſ. Joh. Chriſt. Leichſenringk, Hamb. 1
Herr Lienau 1
Frau Oberaltin Luſtig . . 1
Herr Lienau, in Altona . . 1
—— Candid. Ludolf, in Hamburg . 1
Herr Lierſch 1

M.

Herr Matthieſſen, Buchhändl. in Hamb. 50
—— Poſtverw. Meyerhoff, in Hamb. 1
Monſ. Joh. Hinr. Meyer . 1
Herr Fr. Meyer . . . 1
Mademoiſ. Anna Dorothea Mohr . 1
Herr Joh. Gotthard Martens . 1
—— Magiſter Manhard, in Altona . 1

N.

Madame Neumann, in Hamburg . 12

Herr

Verzeichniß der Subscribenten.

Exempl.

Herr Heinr. Neumann, Kauf- und Handelsherr in Malaga   1
—— Doctor Nissen, in Hamburg   1
—— Conrect. Noodt   1

P.

Monfr. Peter Julius Palm, in Hamburg   1
—— Christina Nicol. ⎫
—— Anton Daniel   ⎬ Pehmöller   4
—— Diedr. Vincent   ⎪
Demoiselle Doris   ⎭
Monfr. N. P. I. Petersen   1

R.

Herr Hauptpastor Rambach zu St. Michaelis und Scholarch in Hamburg   1
—— Magister Rasper   1
—— Canonic. von Reder   1
—— Georg Carl Ricker   1
—— Joh. Herrmann   ⎫
—— Erdm. Elias   ⎬ Röding   3
—— Peter Friedrich ⎭
—— Gottfried Peter Röding   1
Monfr. J. P. S Radicke   1
Herr Raap, Schullehrer in Hamburg   1
—— David Heinrich Rowohl   1

Verzeichniß der Subscribenten.

S.   Exempl.

Herr Pastor Schuchmacher zu St. Jacobi
in Hamburg 1
Monsi. Dav. Joh. Matth.
—— Christ. Vincent } Scherer, in Rost. 3
Mademoif. Anna Cath.
Herr Schwanewebel, in Hamburg . 1
—— Schäffer . . . 1
Monsi. Nicol. Diedr. Schäffer . 1
—— Joh. Christoph. von Staden . 1
—— Andreas Schuld . 1
—— J. D. Schultz . . 1
Herr Schneider . . . 1
—— Simon, Kauf- und Handelsherr 1
—— Siemers . . . 1
Demoif. Anna Maria Schönfeld . 1
—— Cath. Margr. Schröder . 1
Herr Organist Steinfeldt, in Bergedorf 1
—— Doctor Stöver, in Altona . 1
Monsi. J. D. Scherneka, in Hamburg 1
Herr Johann Paul Seger . . 1
—— Etatsrath von Schirach, in Altona 1
—— Diedr. Erdm. Schumacher, Hamb. 1

T.

Herr Doctor Thieß, in Hamburg . 1
—— Candid. Thieß . . . 1

Verzeichniß der Subscribenten.

Exempl.

Herr Hinr. Christ. Thielpap, in Hamb. 4
Madame Thomsen, in Mildstädt   2

V.

Herr Chirurgus Vogelbusch, in Hamb.   2
—— Pastor Volquarts, in Heide   2
Monsi. E. J. Vitrac, aus Bordeaux   1
Herr Vogeler, in Hamburg   1
—— Johann de Vlieger, junior   1

W.

Herr Licentiat Willebrand, in Hamb.   1
Monsi. J. L. H. Wichers   1
Madame Wetzel   12
Herr Pastor Wolf, in Wesselbuhren   3
Monsi. Wilh. Joh. Daniel Willers, Hamb.   1
Herr Pastor Wagener, Reformirter Prediger aus Bremen   1
—— Werdier, in Altona   1
—— Joh. Friedr. Wilh. Wagener, der Handlung beflissen, aus Göttingen   1

Register

Register
des zweiten und letzten Bandes.

Der nützliche Traum Seite	201
Barthold Witz	202
Die gestrafte Gefräßigkeit	203
Die eingebildete Weintraube, eine Fabel	203
Lied. Nach der Mel. Rosen auf den ꝛc.	205
Räthsel. Die Liebe	206
Fünfte Fortsetzung der Weltgeschichte	207
Gottlieb an Ernesta	208
Trotz, oder Goliath der 2te	209
Die gestrafte Grausamkeit	213
Die Henne und ihre Jungen. Eine Fabel	214
Philip an Heinrich, oder die Geschichte von Mahomed	215
Räthsel. Die Natur	216
Die Gans und der Sperling	217
Lied. An den Schlaf	218
Vincent an Fritz, der Naturgeschichte betreffend	220
Heinrich an Caroline, wegen den Kreuzzügen	222
Der fleißige Schüler. Aedle Rache	224
Räthsel. Die christliche Kirche	daselbst
Vergebliche Mühe. Eine Fabel	225
Die Sprache verräth dich	226
Fritz an Heinrich, wegen der Naturgesch.	227
Räthsel. Ein beliebige Zahl vor oder hinter Nullen	228
An den Tod	229
Lisette an Erneste, vom Gebet	daselbst
Heinrich an Caroline, wegen den Kreuzzüge	231

Aus

Register.

Aus den Papieren meines Freundes	232
Fritz an Andreas, von der christl. Kirche	233
Die junge Nachtigal und ihre Mutter	235
Heinrich an Carl, von Oesterreich	236
Etwas aus den Papieren meines Freundes	237
— — — —	238
Bruderliebe beym Wein	daselbst
An einen verwelkten Blumenkranz	239
Der Schein blendet	240
Räthsel. Der Vogel im Bauer	daselbst
An meine jugendl. Leser. Lied an die Asche meiner Mutter	141. 142
Das Lämmchen	245
Carl an Fritz, vom Alexander	246
Räthsel. Das Wasser	248
Fortsetzung der Geschichte vom Alexander	249
Heinrich an Carl, von Westphalen	250
Aufmunterung zur Freude	252
Regina an Gottlieb	253
Anna an ihrer Lehrerinn	254
Räthsel. Der dreyfache Tod	256
Fritz an Carl, vom Julius Cäsar	257
Lied. Nach der Mel. Die Göttinn süsser	260
An meine jugendliche Leser	261
Fritz an Heinrich, wegen der Göttergesch.	262
Vergebliche Hoffnung. Räthsel. Der freywillige Geber.	264
An meine jugendliche Leser	265
An die Einfalt	265
Heinrich an Carl, von Baiern	268
Socrates	269
Das Schaaf und verschiedene andre Thiere	270

Die

Register.

Der herzhafte Luftschiffer. Räthsel. Der Jungfernsteig	272
Die kleine Grasmücke	273
Lied. An die Unschuld	274
Christlieb an Philip	daselbst
Die 6te Fortsetzung der Weltgeschichte	276
Der Hering	277
Wer ist der Liebenswürdigste	279
Grabschrift eines Faulen	280
Räthsel. Die Buchstaben N. und M.	daselbst
Als Sturm starb	281
Fritz an Heinrich, Göttergeschichte	284
Solon	daselbst
Am Bußtage	286
Grimmdorf	288
Mutter Suse. Räthsel. Der Doge	daselbst
Rosine an Heinrich, von Gellert	289
Vincent an Heinrich, von der Naturgesch.	293
Die stolze Henne	294
Aus den Papieren meines Freundes	295
Die gehorsame Tochter. Räthsel. Die Luft	296
An die Natur. Lied	297
Carl an Heinrich, von Franken	299
Kunst und Trotz	300
Selig sind, die reines Herzens sind	301
Wer ist rein vor Gott?	302
Ein nachahmungwürdiges Beyspiel	303
Aus den Papieren meines Freundes	304
Räthsel. Der Buchstab O.	daselbst
Lied an die Treue	305
Nero	306
Eine gute Sache leidet keinen Aufschub	308
Die junge Taube und ihre Mutter	309

Register.

Böse Beyspiele	310
Siebente Fortsetzung der allgemeinen Weltgeschichte	311
Räthsel. Die Unwissenheit	312
Das geizige Kätzchen	313
Das Glück der Freundschaft. Lied	314
Vater Guthard	316
Schwelgedorf	318
Glützenstädt	319
Fromme Neubegierde. Grabschrift eines frommen Knaben	320
Räthsel. Die christliche Religion	daselbst
Die kleine Ente und ihre Mutter	321
Fritz an Heinrich. Göttergeschichte	322
Ein ieder Mensch hat seine Puppe	323
Epictetus	324
Fliehe den Pfad der Laster	326
Affenburg	327
Musenstädte	328
Räthsel. Die Bibel	daselbst
Seneca	329
Ist es der Mühe werth?	332
Der große Vergeltungstag	333
Wilhelm unter den Pflaumenbaum	335
Der Arbeiter verdient sein Lohn	336
Räthsel. Aeneas	daselbst
Fortsetzung vom großen Vergeltungstag	337
Räthsel. Eva	339
Carl an Heinrich. Schwaben und Burgund	341
Heldenmuth	341
Achte Fortsetzung der Weltgeschichte	342
Vincent an Fritz. Naturgeschichte	344
Luther	345

Viii

Register.

Vincent an Fritz. Naturgeschichte	349
Alles was lebet, sterblich ist	351
Man muß nicht alles glauben	daselbst
Leichte Antwort	352
Räthsel. Joseph, der Pflegevater Jesu.	daselbst
Fritz an Heinrich. Göttergeschichte	353
Lied. Nach der Mel. Blühe liebes Veilchen.	355
Räthsel. Die Hauptkirchen Hamburgs	357
Der Mäßige	daselbst
Constantin den Großen	358
Die beyden Fische	360
Laß du mich nur Barmherzigkeit u. s. w.	361
Froher Muth	363
Wer fragt wird klug	364
Carl an Heinrich	365
Der Haushund und das Schooßhündchen.	367
Frage und Antwort	368
Räthsel. Nirgend	daselbst
Die jungen Gänse, eine Fabel	369
Der beste Trost	370
Lied. Nach der Mel. Blick herab o blaßer	371
Grabschrift eines Stolzen	372
Räthsel. Niemand	daselbst
Gottlieb an Hedchen	374
Neunte Fortsetzung der Weltgeschichte.	daselbst
Selig sind die Friedfertigen	376
Das Lamm	377
Kinder müssen nicht alles wissen	378
Vincent an Fritz. Naturgeschichte	379
Es ist ein großer Gewinn	381
Das musikalische Wunderkind	383
Die Welt ist kein Jammerthal	284
Räthsel. Der Menschen Zunge	daselbst

Zehnte

Register.

Zehnte Fortsetzung der Weltgeschichte	385
Der sanftmüthige Lehrer	387
Lied in Gesellschaft zu singen	388
Fritz an Heinrich	391
Warnung	392
Räthsel. Die Erbsünde.	daselbst

Ende des 2ten und letzten Bändchen.

www.ingramcontent.com/pod-product-compliance
Lightning Source LLC
Chambersburg PA
CBHW020902230426
43666CB00008B/1278